江西省农村公路中小桥梁设计通用图（试行）

（第2册　共13册）

装配式后张法预应力混凝土简支空心板梁上部构造

编制单位　江西省公路科研设计院
批准部门　江 西 省 交 通 运 输 厅

编　　号：13-2
跨　　径：16m
斜 交 角：0°、15°、30°
荷　　载：公路—Ⅱ级
桥面宽度：5.0m、6.5m、7.5m、8.5m

人民交通出版社股份有限公司
China Communications Press Co.,Ltd.

图书在版编目（CIP）数据

江西省农村公路中小桥梁设计通用图：试行 . 2，装配式后张法预应力混凝土简支空心板梁上部构造 / 江西省公路科研设计院编制；江西省交通运输厅批准 . —北京：人民交通出版社股份有限公司，2016.7
ISBN 978-7-114-13251-3

Ⅰ . ①江… Ⅱ . ①江… ②江… Ⅲ . ①农村道路—跨径—公路桥—钢筋混凝土桥—桥梁设计—通用图—汇编—江西省 Ⅳ . ①U448.142.5

中国版本图书馆 CIP 数据核字（2016）第 182855 号

江西省农村公路中小桥梁设计通用图（试行）
（第2册 共13册）

书 名：装配式后张法预应力混凝土简支空心板梁上部构造
著 作 者：江西省公路科研设计院
责任编辑：赵瑞琴
出版发行：人民交通出版社股份有限公司
地 址：（100011）北京市朝阳区安定门外外馆斜街3号
网 址：http: //www.ccpress.com.cn
销售电话：（010）59757973
总 经 销：人民交通出版社股份有限公司发行部
经 销：各地新华书店
印 刷：北京鑫正大印刷有限公司
开 本：880 × 1230 1/ 8
印 张：6
版 次：2016年7月 第1版
印 次：2016年7月 第1次印刷
书 号：ISBN 978-7-114-13251-3
定 价：260.00元（全套共13册 总定价：3900.00元）

序

近年来，江西省农村公路发展迅速，据 2013 年年底江西省公路电子地图数据统计，全省农村公路桥梁共计 18568 座 /601754 延米，其中农村公路四、五类危桥共计 4917 座 /166080 延米，约占农村公路桥梁总数的 26.48%。虽然我们采取了多项措施加大了农村公路危桥改造工程建设，但省农村公路危桥改造目前仍然存在一些问题，农村公路危桥数量较多且呈增长趋势，农村公路桥梁安全形势仍然较严峻。因此，农村公路中小桥梁的设计施工和工程质量直接关系到我省农村公路网络的安全畅通和有效服务。

为贯彻科学发展观，保证中小跨径公路混凝土桥梁结构的安全度，提高结构的耐久性，实现设计和施工的标准化、生产的工厂化和机械化，并具有良好的可维修性和可更换性，江西省交通运输厅给江西省公路管理局下达《江西省农村公路中小桥梁设计通用图》编制计划，江西省公路管理局委托江西省公路科研设计院，针对全省农村公路桥梁的特点，编制了本系列通用图。

本系列通用图的内容涵盖了装配式后张法预应力混凝土箱梁（简支）、装配式后张法预应力混凝土空心板梁（简支）、装配式钢筋混凝土实心板梁（简支）、现浇钢筋混凝土箱梁（连续）、现浇钢筋混凝土空心板梁（简支和连续）、现浇钢筋混凝土实心板梁（简支）、现浇钢筋混凝土板拱桥等上部结构形式及相应的下部结构形式。

本系列通用图的编制主要依据《公路工程技术标准》（JTG B01—2014）《公路桥涵设计通用规范》（JTG D60—2015）《公路钢筋混凝土及预应力混凝土桥涵设计规范》（JTG D62—2004）和《公路桥涵施工技术规范》（JTG/T F50—2011）等标准规范。

具体使用时，要求充分理解设计规范的意图和通用图的设计本意，结合工程项目的具体情况，予以完善和补充。设计单位和业主可以根据项目的具体情况，在本系列通用图中提出的设计要求的基础上，对某些设计要求予以一定的提高，并在详细的核算后予以调整。

期望本系列通用图的出版，能为实现资源节约型、环境友好型交通发展，进一步提高全省农村公路桥梁建设的可持续发展，有一定的启迪和促进作用。

参加本系列通用图编制的成员主要有钱济章、徐友才、刘辉、肖琦、周海旺、涂昀、梁靓、邓凌燕、龚汉清、钟曙亮、彭德清、吴义林、涂文玲、周琦、涂清艳等。

本系列通用图咨询单位为中交第一公路勘察设计研究院有限公司。

在此向支持和关心本项目工作的江西省交通运输厅和江西省公路管理局等单位的领导及参与项目技术审查的专家们一并表示感谢！

江西省公路科研设计院

二〇一六年五月

总 目 录

本册目录

说　明

一、技术标准与设计规范

1.《公路工程技术标准》JTG B01—2014

2.《公路桥涵设计通用规范》JTG D60—2015

3.《公路钢筋混凝土及预应力混凝土桥涵设计规范》JTG D62—2004

4.《公路桥涵施工技术规范》JTG/T F50—2011

5.《预应力混凝土用钢绞线》GB/T 5224—2014

6.《公路交通安全设施设计技术规范》JTG D81—2006

7.《钢筋焊接网混凝土结构技术规程》JGJ 114—2014

二、技术指标

主要技术指标表

公路等级	设计荷载	桥面宽度（m）	车道数	斜交角（°）	一孔桥梁片数	预制梁长（m）	预制梁高（m）	预制梁最大吊装重量	设计安全等级	环境类别
三、四级公路	公路—Ⅱ级	5.0	1	0 15 30	5	15.96	0.8	边板25.1t；中板23.0t	二级	Ⅰ、Ⅱ类
		6.5	1		6					
		7.5	2		7					
		8.5	2		8					

三、主要材料

1.混凝土

（1）水泥：应采用高品质的强度等级为52.5级、42.5级的硅酸盐水泥或普通水泥，同一座桥的板梁应采用同一品种水泥，不得采用复合水泥或变质水泥。

（2）粗集料：应采用连续级配，碎石宜采用锤击式破碎生产。碎石最大粒径不宜超过20mm，以防混凝土浇筑困难或振捣不密实。

（3）混凝土：预制板梁和封锚端混凝土均采用C50；桥面铺装采用C40防水混凝土；铰缝混凝土采用C50微膨胀混凝土。

2.普通钢材

普通钢筋采用HPB300和HRB400钢筋，钢筋应符合《钢筋混凝土用热轧光圆钢筋》（GB 1499.1—2008）和《钢筋混凝土用热轧带肋钢筋》（GB 1499.2—2007）的规定。凡钢筋直径大于或等于10mm者，采用HRB400热轧带肋钢；凡钢筋直径小于10mm者，采用HPB300钢筋。

本册图纸中HPB300钢筋主要采用了直径d=8mm一种规格；HRB400钢筋主要采用了直径d=10mm、12mm、14mm、16mm四种规格。

3.预应力钢筋

采用符合《预应力混凝土用钢绞线》（GB/T 5224—2014）要求的低松弛高强度钢绞线，其抗拉强度标准值f_{pk}=1860MPa，公称直径d=15.2mm。

本册图纸中钢束采用3ϕ^s15.2和4ϕ^s15.2预应力钢绞线，钢束控制张拉力$\sigma_{con}=0.75f_{pk}$=1395MPa。

4.锚具用材料

预应力钢束采用15-3型和15-4型系列锚具及其配套设备，预应力管道按金属波纹管考虑，金属波纹管钢带厚度不应小于0.35mm。锚具变形、钢筋回缩按6mm计算。

5.支座

可采用板式橡胶支座、球形支座或盆式橡胶支座，其材料和力学性能均应符合《公路桥梁板式橡胶支座规格系列》（JT/T 663—2006）等相关标准的规定。单跨时，桥梁墩台上均采用GJZ150mm×200mm×42mm型板式橡胶支座；多跨时，桥台上可采用GJZF$_4$150mm×200mm×37mm，桥墩上采用GJZ150mm×200mm×42mm。

四、设计要点

1.本通用图的结构体系为简支结构，按部分预应力混凝土A类构件设计。

2. 设计计算采用平面杆系结构计算软件计算，桥面铺装不参与受力，荷载横向分配系数按铰接板法计算。

3. 设计参数

1）混凝土：重力密度 γ=26.0kN/m^3，弹性模量为 E=3.45×10^{4}MPa。

2）预应力钢筋：弹性模量 E_p=1.95×10^{5}MPa，松弛率 ρ=0.035，松弛系数 ξ=0.3。

3）锚具：锚具变形、钢筋回缩按6mm（一端）计算；金属波纹管摩阻系数 μ=0.25，偏差系数 κ=0.0015。

4）竖向梯度温度效应按《公路桥涵设计通用规范》（JTG D60—2015）规定取值。

4. 一块板板端支点最大反力

项　　目	恒载（kN）	恒+汽（kN）
边板反力	215	347
中板反力	140	272

五、施工要点

有关桥梁的施工工艺、材料要求及质量检查标准，除符合《公路桥涵施工技术规范》（JTG/T F50—2011）有关条文规定外，还应特别注意以下事项：

1. 空心板预制

1）浇筑主梁混凝土前应严格检查伸缩缝、护栏、支座预埋钢板等附属设施预埋件是否齐全，确定无误后方能浇筑。施工时，应保证预应力孔道及钢筋位置的准确性，控制混凝土集料最大粒径不得大于20mm。梁端2m范围内及锚下混凝土局部应力大、钢筋密、要求早期强度高，因而混凝土集料最大粒径不得大于15mm，特别是锚下混凝土，应充分振捣密实，严格控制其质量。

2）为了防止预制板上拱过大，及预制板与桥面铺装层由于龄期差别而产生过大收缩差，存梁期不超过90d，若累计上拱值超过计算值8mm，应采取控制措施。预制空心板在钢束张拉完成后、各存梁期跨中上拱度计算值及二期恒载所产生的下挠值如下表所示。

项目	钢束张拉完上拱度（mm）	存梁30d上拱度（mm）	存梁60d上拱度（mm）	存梁90d上拱度（mm）	二期恒载产生的下挠值（mm）
边板	+5.5	+7.2	+7.5	+8.1	+3.1
中板	+6.2	+7.6	+8.3	+8.8	+2.5

注：正值表示位移向上，负值表示位移向下。

3）空心板预制时，按1m一道在铰缝的侧模嵌上500mm长的ф6钢筋，形成6mm凹凸不平的粗糙面。

4）空心板预制时，除注意按本册设计图纸预埋钢筋和预埋件外，桥面系、伸缩缝、护栏及其他相关附属构造，均应参照有关图纸施工，护栏预埋钢筋必须预埋在预制空心板内。

2. 预应力工艺

1）预应力管道的位置必须严格按坐标定位并用定位钢筋固定，定位钢筋与板梁腹板箍筋点焊连接，严防错位和管道下垂，如果管道与钢筋发生碰撞，应保证管道位置不变而适当挪动钢筋位置。浇筑前应检查波纹管是否密封，防止浇筑混凝土时阻塞管道。

2）预制板梁预应力钢束必须待混凝土立方体强度达到设计混凝土强度等级的90%后，且混凝土龄期不小于7d，方可张拉。但施工单位在条件具备时应适当增加龄期，提高混凝土模量，减少反拱度。预应力钢束采用两端同时张拉，锚下控制应力为0.75f_{pk}=1395MPa。

3）施加预应力应采用张拉力与伸长值双控。当预应力钢束张拉达到设计张拉力时，实际伸长值与理论伸长值的误差应控制在±6%以内。实际伸长值应扣除钢束的非弹性变形影响。

4）预应力钢束张拉必须采取措施以防梁体发生侧弯，建议张拉顺序为：左N1→右N2→右N1→左N2。

5）孔道压浆采用C50水泥浆，要求压浆饱满。

3.空心板安装

预制板梁采用设吊孔穿束兜梁底的吊装方法。

4.其他

1）封锚段混凝土浇筑前须将预制板端部混凝土结合面浮浆清凿干净，才能浇筑新混凝土。

2）预制空心板顶面、锚固端面及铰缝面等所有新、旧混凝土结合面均应凿毛成凹凸不小于6mm的粗糙面，以利于新、旧混凝土良好结合。

3）本通用图设计钢筋长度未考虑折减，实际施工下料时应按照有关施工规范要求进行控制。

4）安装板式橡胶支座时，应严格控制支座标高，保证其上下表面与空心板底面及墩台支承垫石顶面平整密贴、传力均匀，避免支座脱空。

六、适用范围

1.本通用图适用于三、四级公路上的农村公路桥梁，修建桥梁时，根据实际情况，可参考本通用图修建漫水桥和过水桥。

2.使用本通用图时，应根据桥位处气象条件，选择合适伸缩缝。施工时应根据伸缩缝安装时的温度来确定其安装宽度。

3.本图设计荷载等级为公路—Ⅱ级，当有超载、超限车辆通过时，应进行结构验算，并采取相应加强措施。

4.预制空心板有左、右斜之分，本通用图仅绘出一种斜交方向的情况，使用时请注意桥梁斜交方向。

5.设计参数与本图有差异时应另行设计。

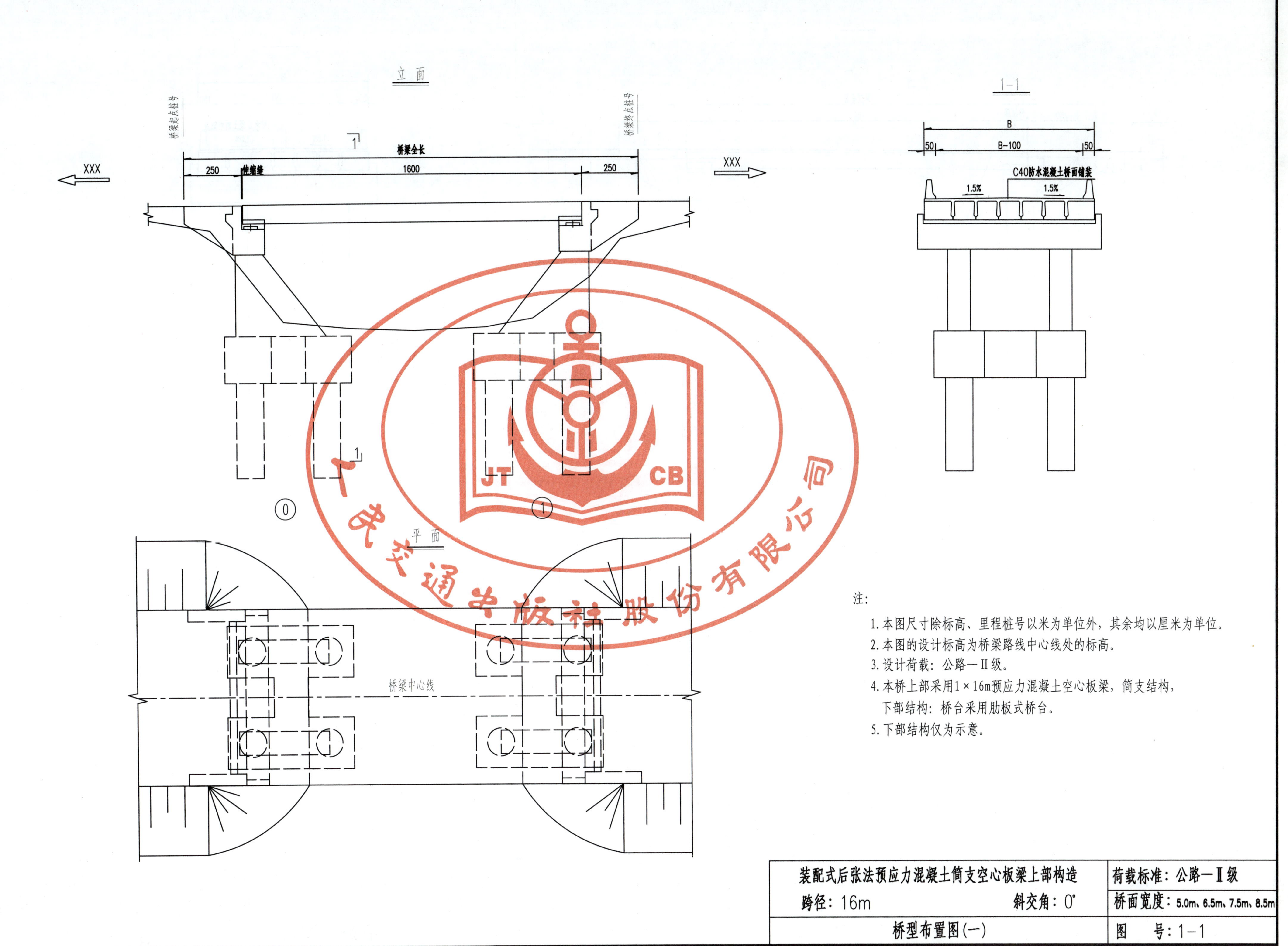
立 面
桥梁起点桩号
桥梁终点桩号
1
桥梁全长
250
伸缩缝
1600
250
XXX
XXX
1
⓪
①
1-1
B
50
B-100
50
C40防水混凝土桥面铺装
1.5%
1.5%
平 面
桥梁中心线
注：
1.本图尺寸除标高、里程桩号以米为单位外，其余均以厘米为单位。
2.本图的设计标高为桥梁路线中心线处的标高。
3.设计荷载：公路—Ⅱ级。
4.本桥上部采用1×16m预应力混凝土空心板梁，简支结构，
下部结构：桥台采用肋板式桥台。
5.下部结构仅为示意。
装配式后张法预应力混凝土简支空心板梁上部构造
跨径：16m
斜交角：0°
荷载标准：公路—Ⅱ级
桥面宽度：5.0m、6.5m、7.5m、8.5m
桥型布置图(一)
图 号：1-1

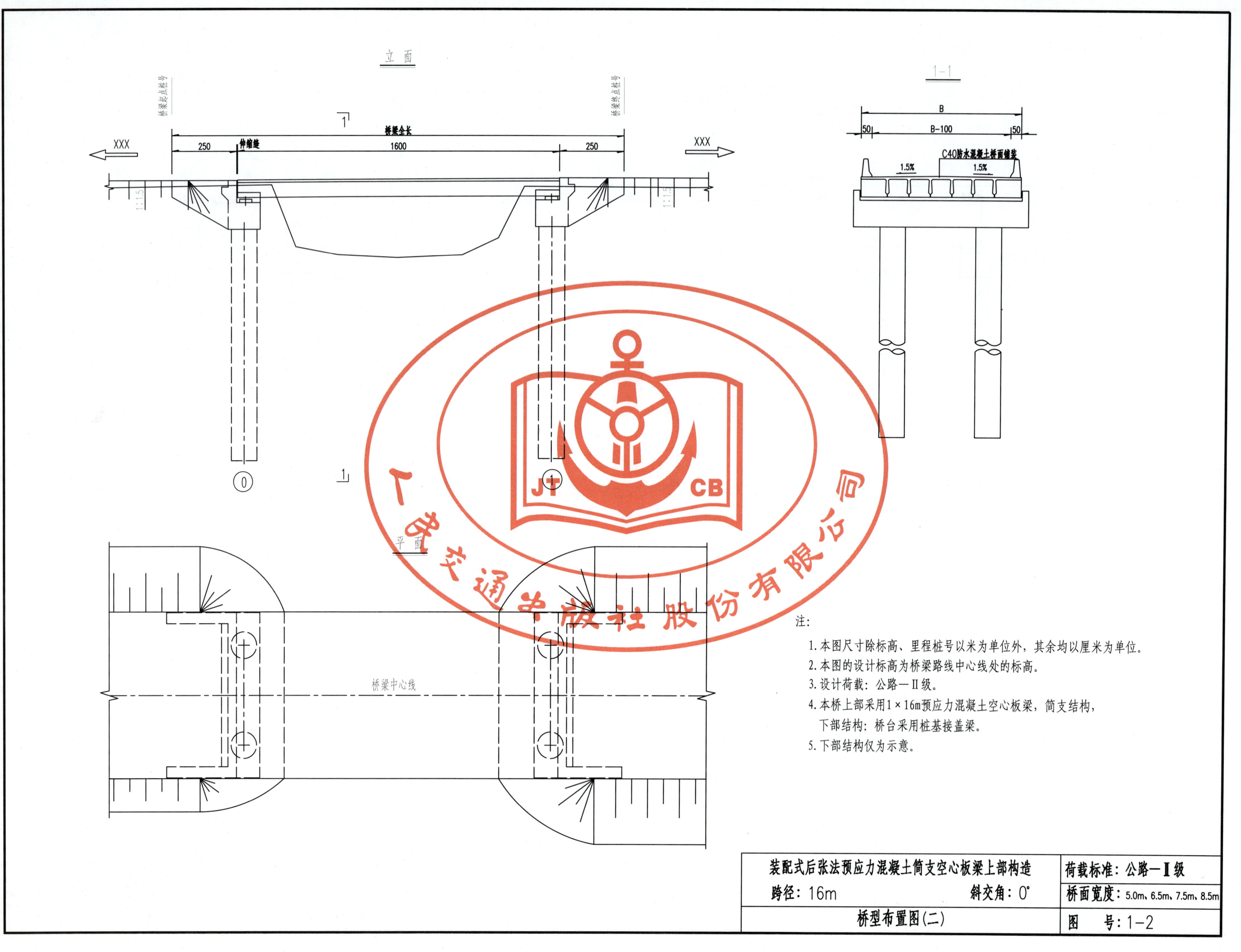

立面
桥梁起点桩号
桥梁终点桩号
桥梁全长
250
伸缩缝
1600
250
XXX
XXX
1-1
B
50
B-100
50
C40防水混凝土桥面铺装
1.5%
1.5%
平面
桥梁中心线
注:
1. 本图尺寸除标高、里程桩号以米为单位外，其余均以厘米为单位。
2. 本图的设计标高为桥梁路线中心线处的标高。
3. 设计荷载：公路—II级。
4. 本桥上部采用1×16m预应力混凝土空心板梁，简支结构，
下部结构：桥台采用桩基接盖梁。
5. 下部结构仅为示意。
装配式后张法预应力混凝土简支空心板梁上部构造
跨径：16m
斜交角：0°
荷载标准：公路—II级
桥面宽度：5.0m、6.5m、7.5m、8.5m
桥型布置图(二)
图 号：1-2

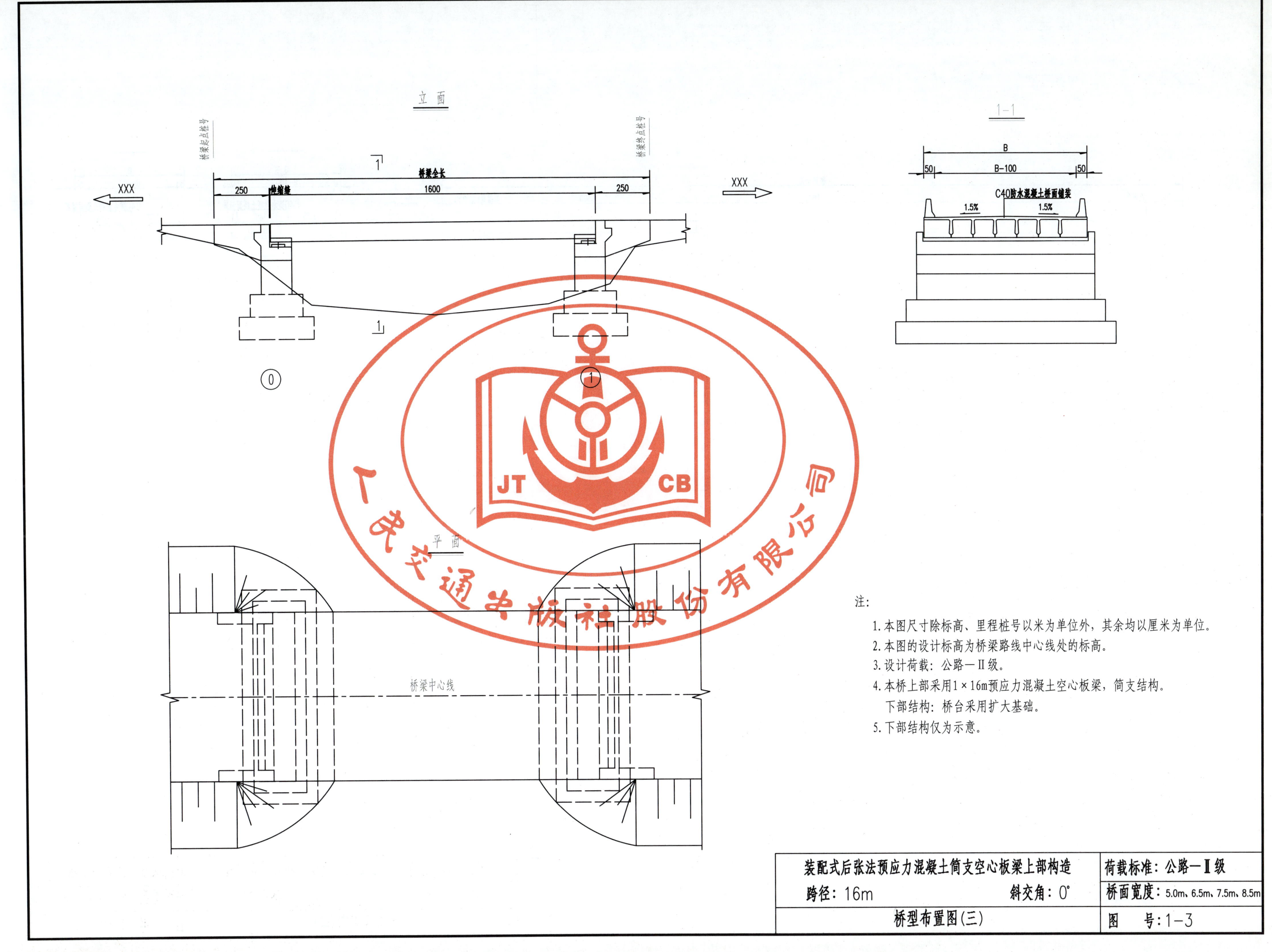

注:

1. 本图尺寸除标高、里程桩号以米为单位外，其余均以厘米为单位。
2. 本图的设计标高为桥梁路线中心线处的标高。
3. 设计荷载：公路—Ⅱ级。
4. 本桥上部采用1×16m预应力混凝土空心板梁，简支结构。
   下部结构：桥台采用扩大基础。
5. 下部结构仅为示意。

装配式后张法预应力混凝土简支空心板梁上部构造 跨径：16m　斜交角：0°	荷载标准：公路—Ⅱ级 桥面宽度：5.0m、6.5m、7.5m、8.5m
桥型布置图(三)	图　号：1—3

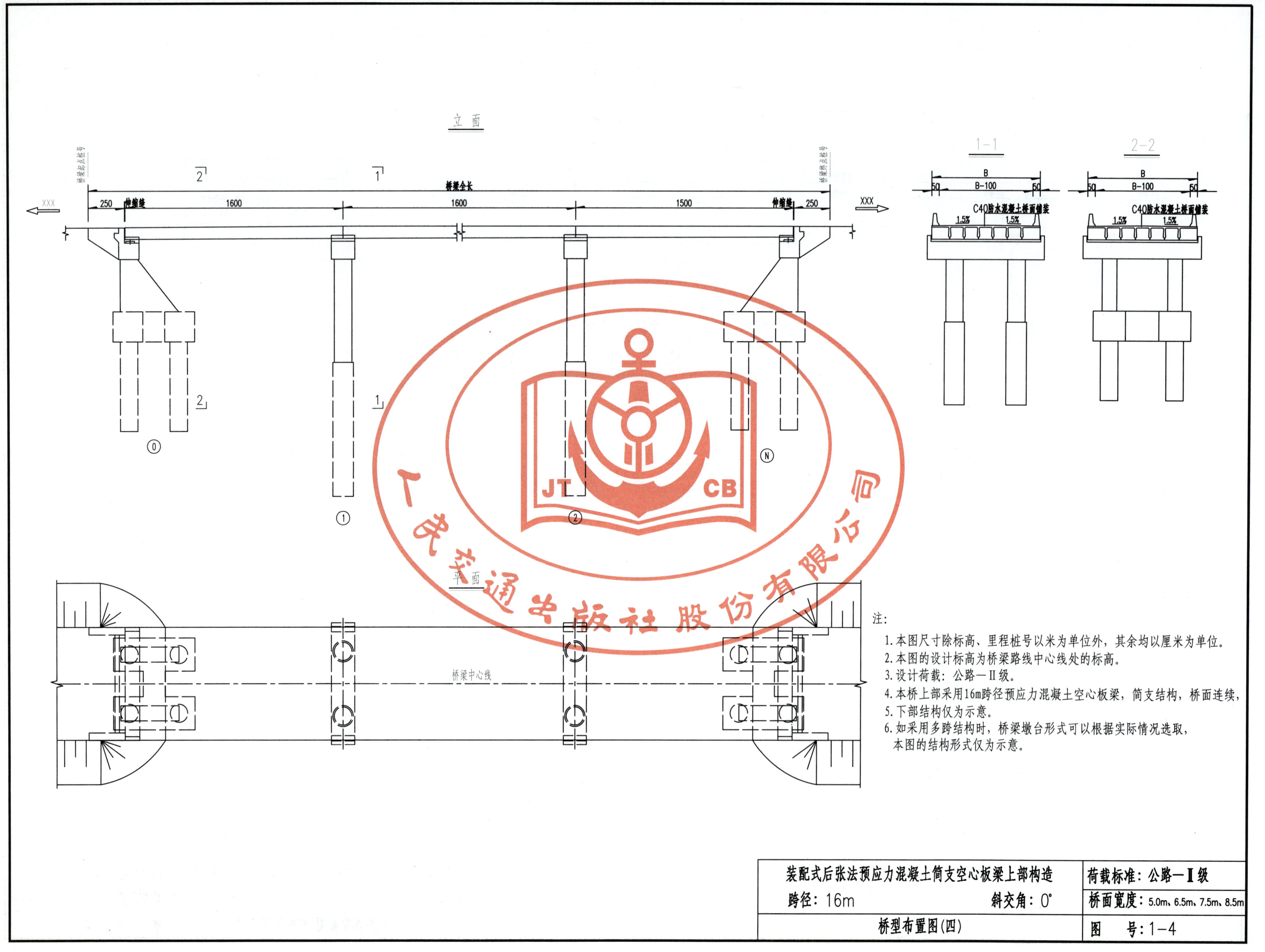
立面
1-1
2-2
桥梁全长
250
伸缩缝
1600
1600
1500
伸缩缝
250
XXX
XXX
B
B-100
50
50
C40防水混凝土桥面铺装
1.5%
1.5%
平面
桥梁中心线
注:
1. 本图尺寸除标高、里程桩号以米为单位外，其余均以厘米为单位。
2. 本图的设计标高为桥梁路线中心线处的标高。
3. 设计荷载：公路—II级。
4. 本桥上部采用16m跨径预应力混凝土空心板梁，简支结构，桥面连续，
5. 下部结构仅为示意。
6. 如采用多跨结构时，桥梁墩台形式可以根据实际情况选取，
本图的结构形式仅为示意。
装配式后张法预应力混凝土简支空心板梁上部构造
跨径：16m
斜交角：0°
荷载标准：公路—II级
桥面宽度：5.0m、6.5m、7.5m、8.5m
桥型布置图(四)
图 号：1-4

一孔预制空心板材料数量总表

桥面宽度(m) / 斜交角(°)	中板块数	边板块数(板宽0.99m)	ϕ^s15.2钢绞线(kg)	钢筋(kg) HPB300	钢筋(kg) HRB400	波纹管(kg) D56	张拉端锚具(套) 15-3	张拉端锚具(套) 15-4	预制C50混凝土(m^3)	现浇C50混凝土(m^3)	凿毛(m^2)
5.0											
0	3	2	1335	986	7433	180	20	20	38.2	6.2	166.8
15				1050	7437						
30				1050	7709						

桥面宽度(m) / 斜交角(°)	中板块数	边板块数(板宽1.24m)	ϕ^s15.2钢绞线(kg)	钢筋(kg) HPB300	钢筋(kg) HRB400	波纹管(kg) D56	张拉端锚具(套) 15-3	张拉端锚具(套) 15-4	预制C50混凝土(m^3)	现浇C50混凝土(m^3)	凿毛(m^2)
6.5											
0	4	2	1602	1200	9231	216	24	24	47.6	8.0	215.6
15				1286	9357						
30				1286	9555						

桥面宽度(m) / 斜交角(°)	中板块数	边板块数(板宽1.24m)	ϕ^s15.2钢绞线(kg)	钢筋(kg) HPB300	钢筋(kg) HRB400	波纹管(kg) D56	张拉端锚具(套) 15-3	张拉端锚具(套) 15-4	预制C50混凝土(m^3)	现浇C50混凝土(m^3)	凿毛(m^2)
7.5											
0	5	2	1869	1414	10723	252	28	28	55.0	9.5	253.8
15				1522	10851						
30				1522	11081						

桥面宽度(m) / 斜交角(°)	中板块数	边板块数(板宽1.24m)	ϕ^s15.2钢绞线(kg)	钢筋(kg) HPB300	钢筋(kg) HRB400	波纹管(kg) D56	张拉端锚具(套) 15-3	张拉端锚具(套) 15-4	预制C50混凝土(m^3)	现浇C50混凝土(m^3)	凿毛(m^2)
8.5											
0	6	2	2136	1628	12215	288	32	32	62.4	11.0	292.00
15				1758	12345						
30				1758	12607						

装配式后张法预应力混凝土简支空心板梁上部构造	荷载标准：公路—Ⅰ级
跨径：16m　斜交角：0°、15°、30°	桥面宽度：5.0m、6.5m、7.5m、8.5m
一孔预制空心板材料数量总表	图　号：2

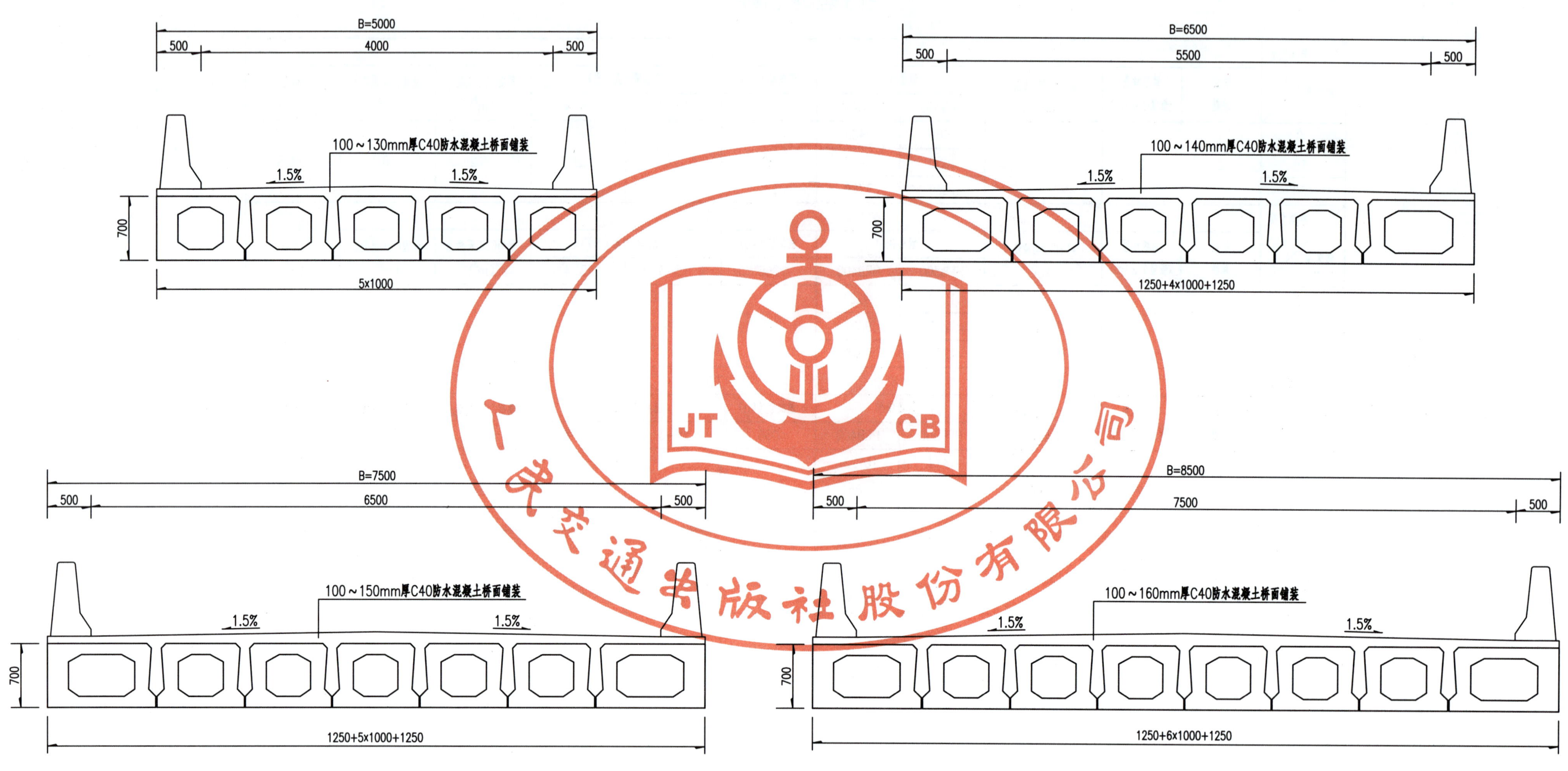

注：

1. 本图尺寸除注明者外，余均以毫米为单位。
2. 本图板的断面形式仅为示意，板的详细尺寸另见《空心板一般构造图》。
3. 中板之间铰缝底宽10mm，中板与边板之间铰缝底宽15mm。

装配式后张法预应力混凝土简支空心板梁上部构造 跨径：13m　　斜交角：0°、15°、30°	荷载标准：公路—Ⅱ级 桥面宽度：5.0m、6.5m、7.5m、8.5m
标准横断面图	图　号：3

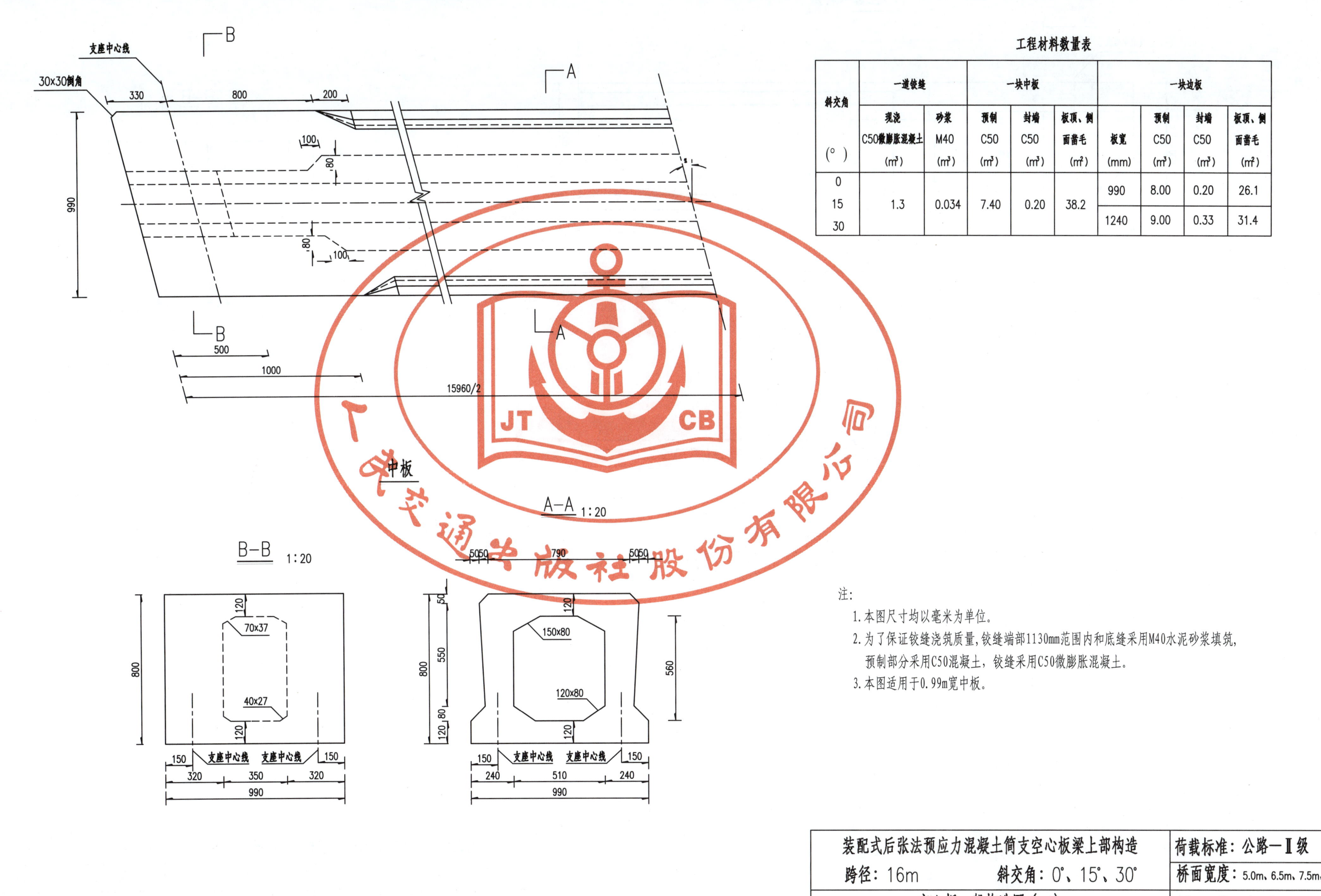

工程材料数量表

斜交角 (°)	一道铰缝		一块中板			一块边板			
	现浇 C50微膨胀混凝土 (m³)	砂浆 M40 (m³)	预制 C50 (m³)	封端 C50 (m³)	板顶、侧面凿毛 (m²)	板宽 (mm)	预制 C50 (m³)	封端 C50 (m³)	板顶、侧面凿毛 (m²)
0 15 30	1.3	0.034	7.40	0.20	38.2	990	8.00	0.20	26.1
						1240	9.00	0.33	31.4

注：

1. 本图尺寸均以毫米为单位。
2. 为了保证铰缝浇筑质量，铰缝端部1130mm范围内和底缝采用M40水泥砂浆填筑，预制部分采用C50混凝土，铰缝采用C50微膨胀混凝土。
3. 本图适用于0.99m宽中板。

装配式后张法预应力混凝土简支空心板梁上部构造		荷载标准：公路—Ⅱ级
跨径：16m	斜交角：0°、15°、30°	桥面宽度：5.0m、6.5m、7.5m、8.5m
空心板一般构造图（一）		图　号：4-1

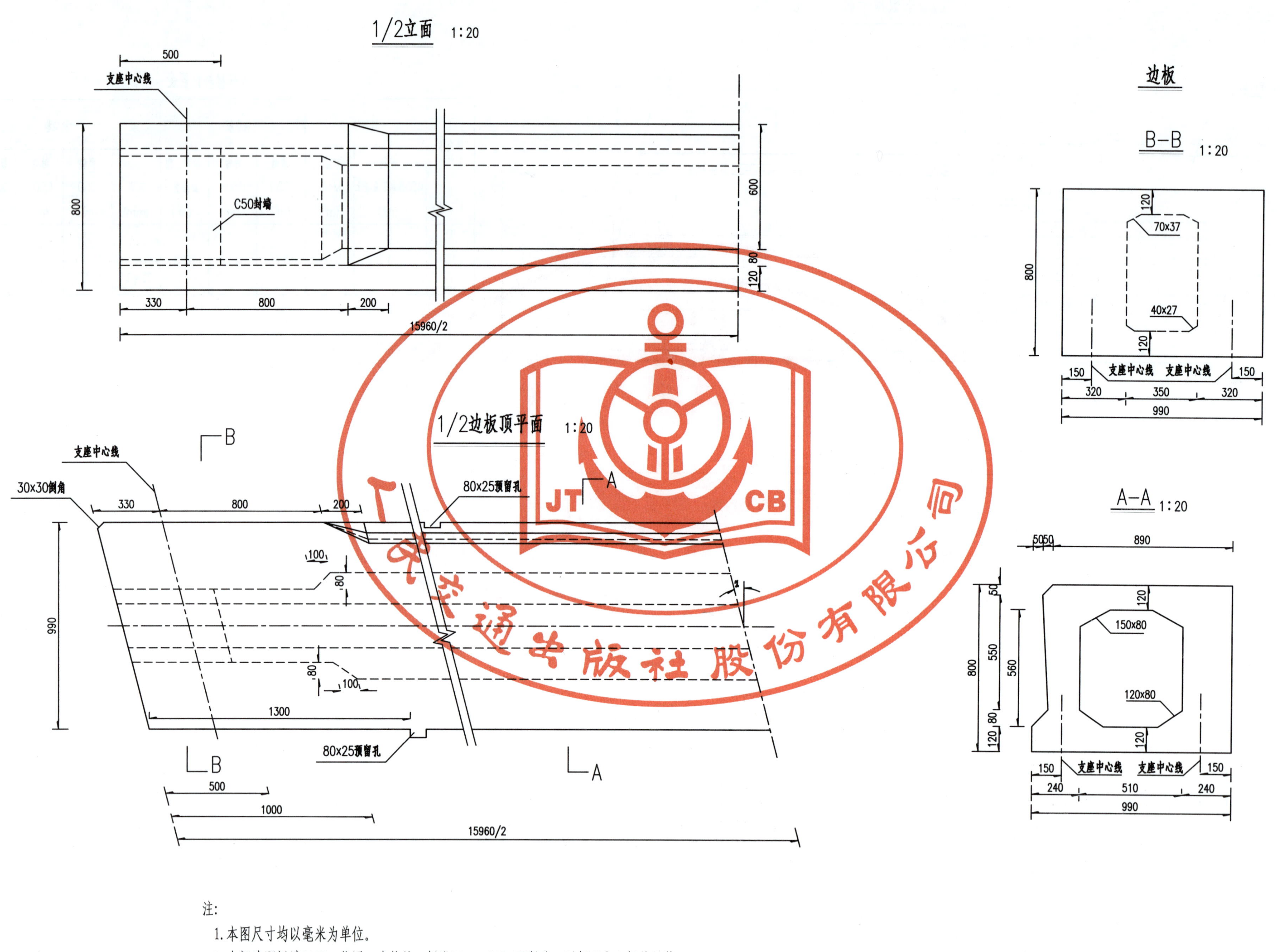

注:

1. 本图尺寸均以毫米为单位。
2. 在短边距板端1300mm位置，有铰缝一侧设80mm×25mm预留孔，以便于空心板的吊装。
3. 本图适用于0.99m宽边板。

装配式后张法预应力混凝土简支空心板梁上部构造		荷载标准：公路—Ⅰ级
跨径：16m	斜交角：0°、15°、30°	桥面宽度：5.0m、6.5m、7.5m、8.5m
空心板一般构造图（二）		图 号：4-2

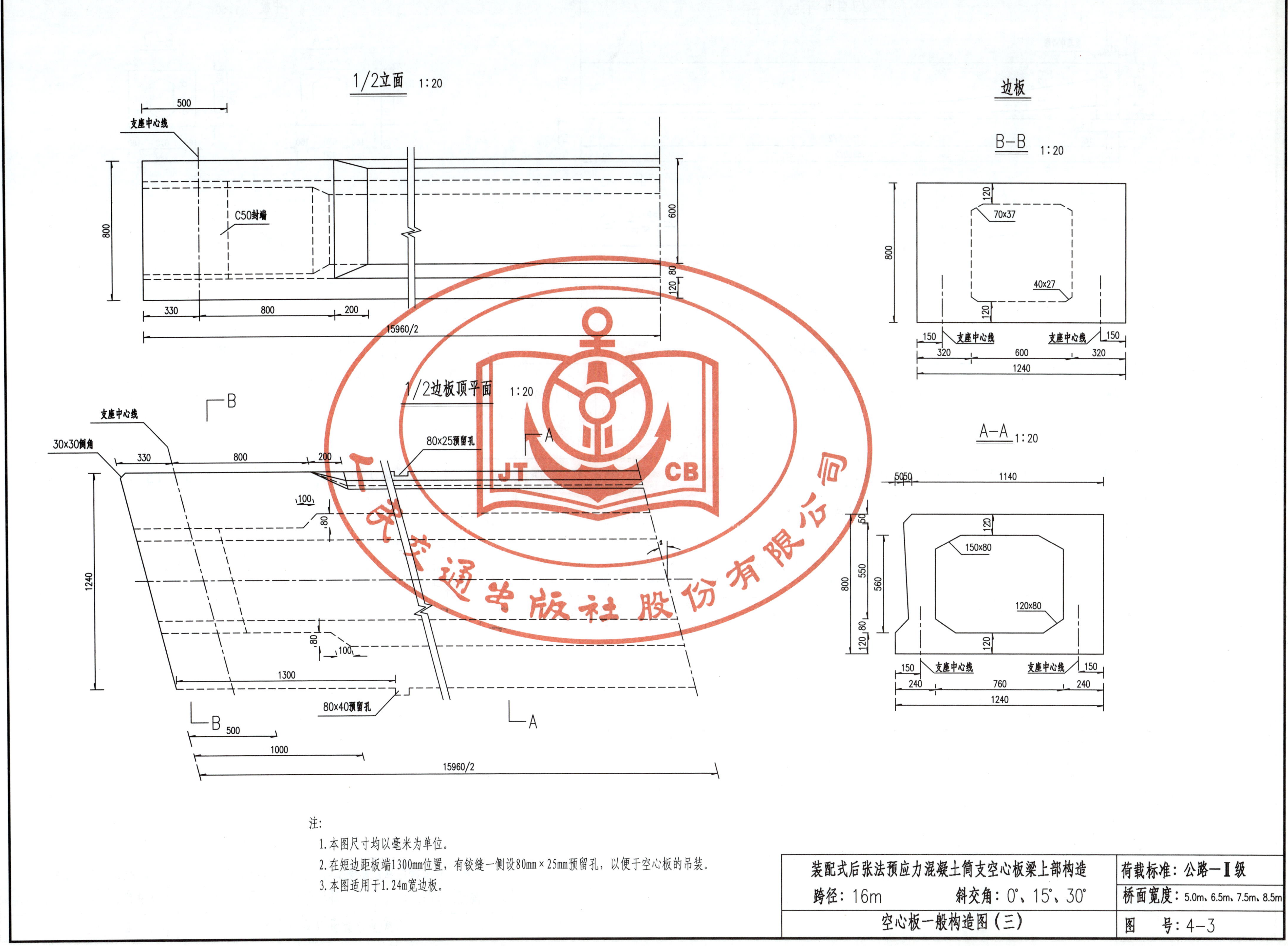
1/2立面 1:20
500
支座中心线
C50封端
800
600
80
120
330
800
200
15960/2
边板
B-B 1:20
120
70x37
40x27
120
800
150
支座中心线
支座中心线
150
320
600
320
1240
1/2边板顶平面 1:20
B
支座中心线
30x30倒角
330
800
200
80x25预留孔
A
100
80
1240
80
100
1300
80x40预留孔
B
500
1000
A
15960/2
A-A 1:20
50
50
1140
120
150x80
800
550
560
120x80
80
120
120
150
支座中心线
支座中心线
150
240
760
240
1240
注:
1.本图尺寸均以毫米为单位。
2.在短边距板端1300mm位置，有铰缝一侧设80mm×25mm预留孔，以便于空心板的吊装。
3.本图适用于1.24m宽边板。
装配式后张法预应力混凝土简支空心板梁上部构造
跨径：16m
斜交角：0°、15°、30°
荷载标准：公路—Ⅱ级
桥面宽度：5.0m、6.5m、7.5m、8.5m
空心板一般构造图（三）
图 号：4-3

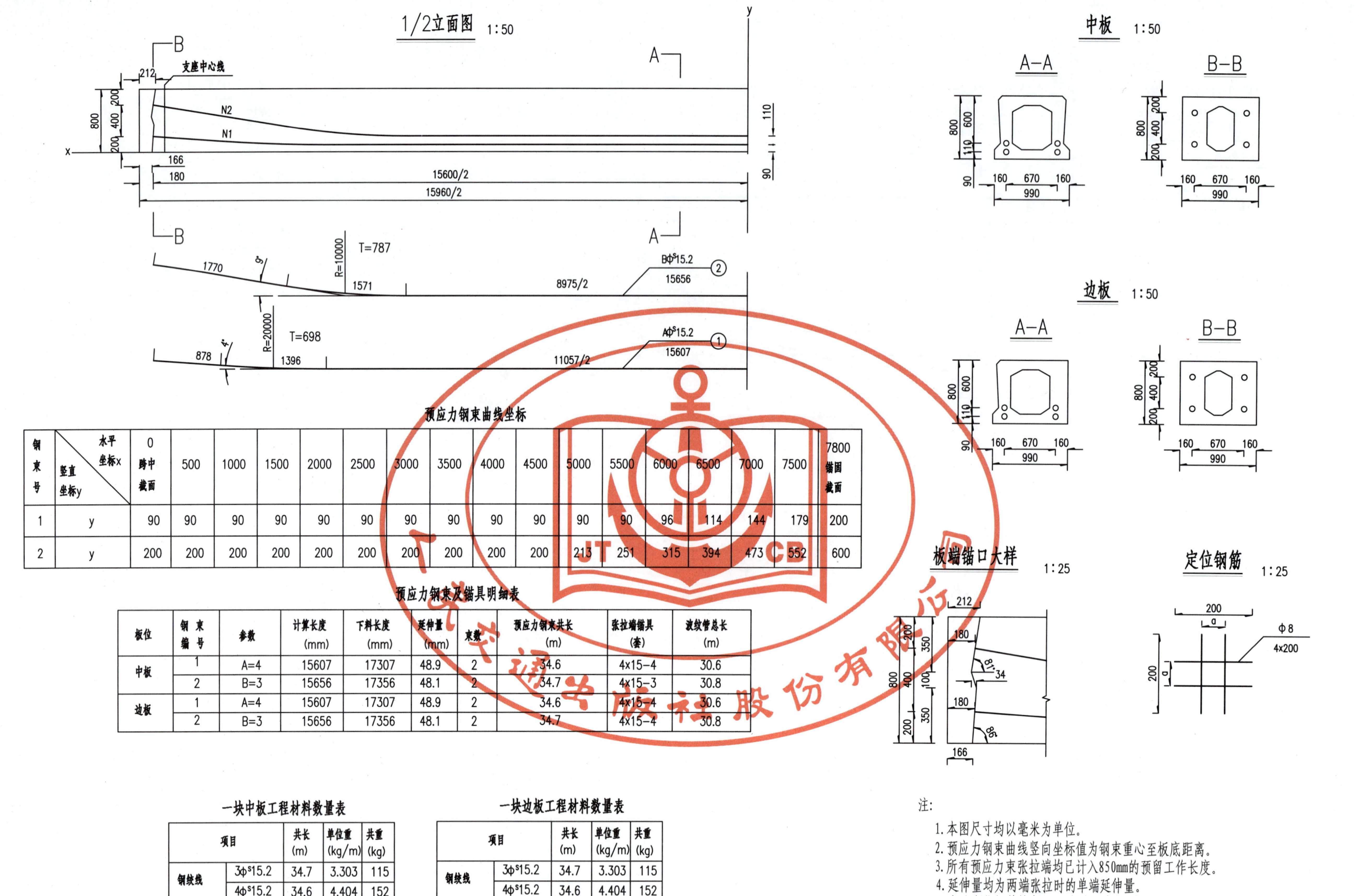

预应力钢束曲线坐标

钢束号	竖直坐标y \ 水平坐标x	0 跨中截面	500	1000	1500	2000	2500	3000	3500	4000	4500	5000	5500	6000	6500	7000	7500	7800 锚固截面
1	y	90	90	90	90	90	90	90	90	90	90	90	90	96	114	144	179	200
2	y	200	200	200	200	200	200	200	200	200	200	213	251	315	394	473	552	600

预应力钢束及锚具明细表

板位	钢束编号	参数	计算长度(mm)	下料长度(mm)	延伸量(mm)	束数	预应力钢束共长(m)	张拉端锚具(套)	波纹管总长(m)
中板	1	A=4	15607	17307	48.9	2	34.6	4x15−4	30.6
	2	B=3	15656	17356	48.1	2	34.7	4x15−3	30.8
边板	1	A=4	15607	17307	48.9	2	34.6	4x15−4	30.6
	2	B=3	15656	17356	48.1	2	34.7	4x15−4	30.8

一块中板工程材料数量表

项目		共长(m)	单位重(kg/m)	共重(kg)
钢绞线	3Φs15.2	34.7	3.303	115
	4Φs15.2	34.6	4.404	152
波纹管	D56	61.4	0.580	36
定位钢筋	Φ8	102.4	0.395	40
锚具	15−3(套)			4
	15−4(套)			4

一块边板工程材料数量表

项目		共长(m)	单位重(kg/m)	共重(kg)
钢绞线	3Φs15.2	34.7	3.303	115
	4Φs15.2	34.6	4.404	152
波纹管	D56	61.4	0.580	36
定位钢筋	Φ8	102.4	0.395	40
锚具	15−3(套)			4
	15−4(套)			4

注:

1. 本图尺寸均以毫米为单位。
2. 预应力钢束曲线竖向坐标值为钢束重心至板底距离。
3. 所有预应力束张拉端均已计入850mm的预留工作长度。
4. 延伸量均为两端张拉时的单端延伸量。
5. 束孔定位钢筋按每0.5m计列一道，a值根据波纹管外径确定：$a=D_{外}+5mm$。
6. 预应力钢束锚垫板、垫板下螺旋筋均采用锚具工厂配套产品。
7. 本图适用于0.99m板宽。

装配式后张法预应力混凝土简支空心板梁上部构造		荷载标准：公路—Ⅱ级
跨径：16m	斜交角：0°、15°、30°	桥面宽度：5.0m、6.5m、7.5m、8.5m
预应力钢筋构造图(一)		图 号：5-1

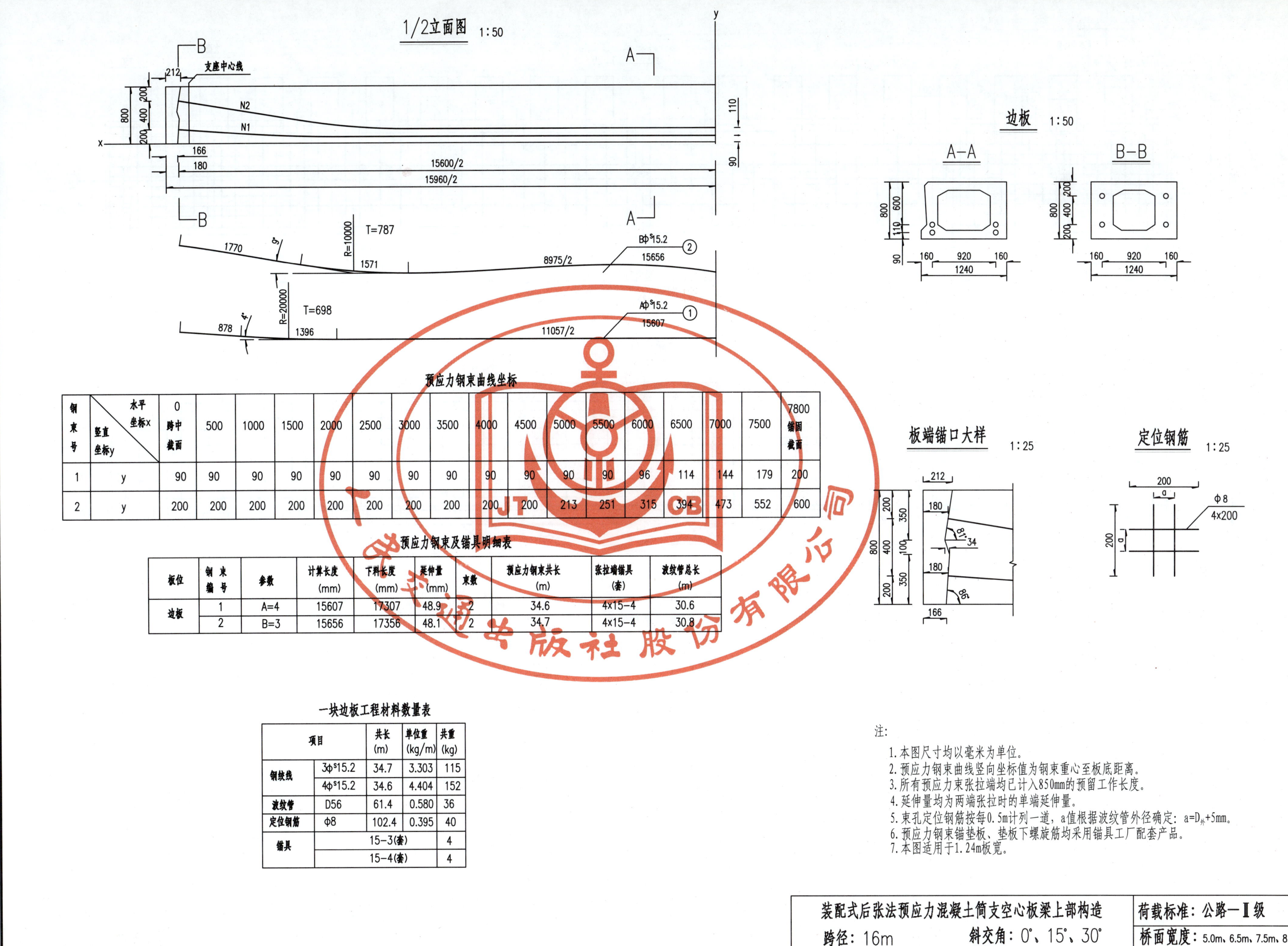

预应力钢束曲线坐标

钢束号	竖直坐标y \ 水平坐标x	0 跨中截面	500	1000	1500	2000	2500	3000	3500	4000	4500	5000	5500	6000	6500	7000	7500	7800 锚固截面
1	y	90	90	90	90	90	90	90	90	90	90	90	90	96	114	144	179	200
2	y	200	200	200	200	200	200	200	200	200	200	213	251	315	394	473	552	600

预应力钢束及锚具明细表

板位	钢束编号	参数	计算长度(mm)	下料长度(mm)	延伸量(mm)	束数	预应力钢束共长(m)	张拉端锚具(套)	波纹管总长(m)
边板	1	A=4	15607	17307	48.9	2	34.6	4x15-4	30.6
	2	B=3	15656	17356	48.1	2	34.7	4x15-4	30.8

一块边板工程材料数量表

项目		共长(m)	单位重(kg/m)	共重(kg)
钢绞线	3Φˢ15.2	34.7	3.303	115
	4Φˢ15.2	34.6	4.404	152
波纹管	D56	61.4	0.580	36
定位钢筋	Φ8	102.4	0.395	40
锚具	15-3(套)			4
	15-4(套)			4

注：

1. 本图尺寸均以毫米为单位。
2. 预应力钢束曲线竖向坐标值为钢束重心至板底距离。
3. 所有预应力束张拉端均已计入850mm的预留工作长度。
4. 延伸量均为两端张拉时的单端延伸量。
5. 束孔定位钢筋按每0.5m计列一道，a值根据波纹管外径确定：$a=D_{外}+5$mm。
6. 预应力钢束锚垫板、垫板下螺旋筋均采用锚具工厂配套产品。
7. 本图适用于1.24m板宽。

装配式后张法预应力混凝土筒支空心板梁上部构造	荷载标准：公路—Ⅱ级
跨径：16m　斜交角：0°、15°、30°	桥面宽度：5.0m、6.5m、7.5m、8.5m
预应力钢筋构造图（二）	图　号：5-2

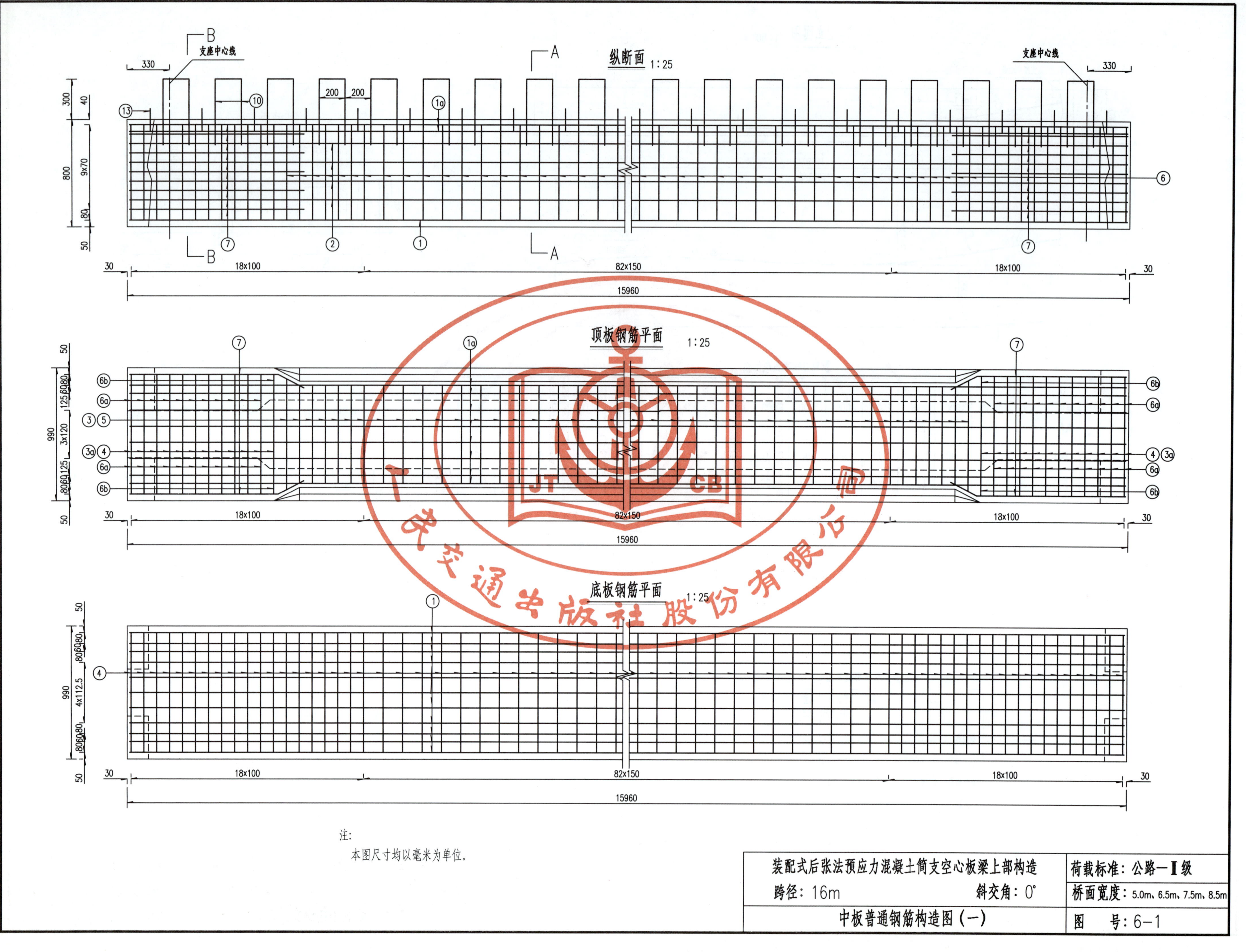

注：

本图尺寸均以毫米为单位。

装配式后张法预应力混凝土筒支空心板梁上部构造	荷载标准：公路—Ⅱ级
跨径：16m 斜交角：0°	桥面宽度：5.0m、6.5m、7.5m、8.5m
中板普通钢筋构造图（一）	图 号：6-1

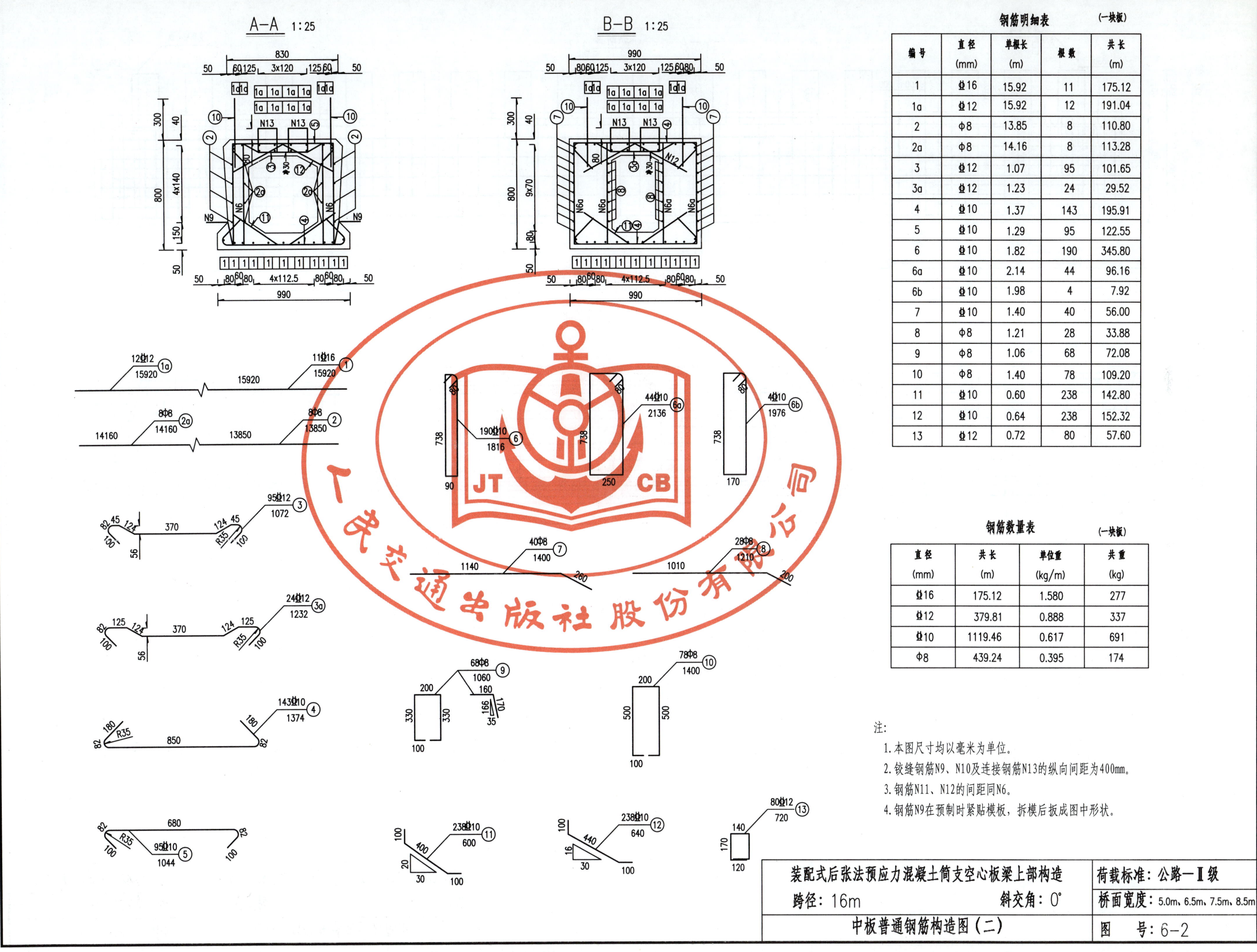

钢筋明细表 (一块板)

编号	直径 (mm)	单根长 (m)	根数	共长 (m)
1	Φ16	15.92	11	175.12
1a	Φ12	15.92	12	191.04
2	Φ8	13.85	8	110.80
2a	Φ8	14.16	8	113.28
3	Φ12	1.07	95	101.65
3a	Φ12	1.23	24	29.52
4	Φ10	1.37	143	195.91
5	Φ10	1.29	95	122.55
6	Φ10	1.82	190	345.80
6a	Φ10	2.14	44	96.16
6b	Φ10	1.98	4	7.92
7	Φ10	1.40	40	56.00
8	Φ8	1.21	28	33.88
9	Φ8	1.06	68	72.08
10	Φ8	1.40	78	109.20
11	Φ10	0.60	238	142.80
12	Φ10	0.64	238	152.32
13	Φ12	0.72	80	57.60

钢筋数量表 (一块板)

直径 (mm)	共长 (m)	单位重 (kg/m)	共重 (kg)
Φ16	175.12	1.580	277
Φ12	379.81	0.888	337
Φ10	1119.46	0.617	691
Φ8	439.24	0.395	174

注:
1. 本图尺寸均以毫米为单位。
2. 铰缝钢筋N9、N10及连接钢筋N13的纵向间距为400mm。
3. 钢筋N11、N12的间距同N6。
4. 钢筋N9在预制时紧贴模板，拆模后扳成图中形状。

装配式后张法预应力混凝土筒支空心板梁上部构造
跨径: 16m　斜交角: 0°
荷载标准: 公路—Ⅱ级
桥面宽度: 5.0m、6.5m、7.5m、8.5m
中板普通钢筋构造图（二）
图 号: 6-2

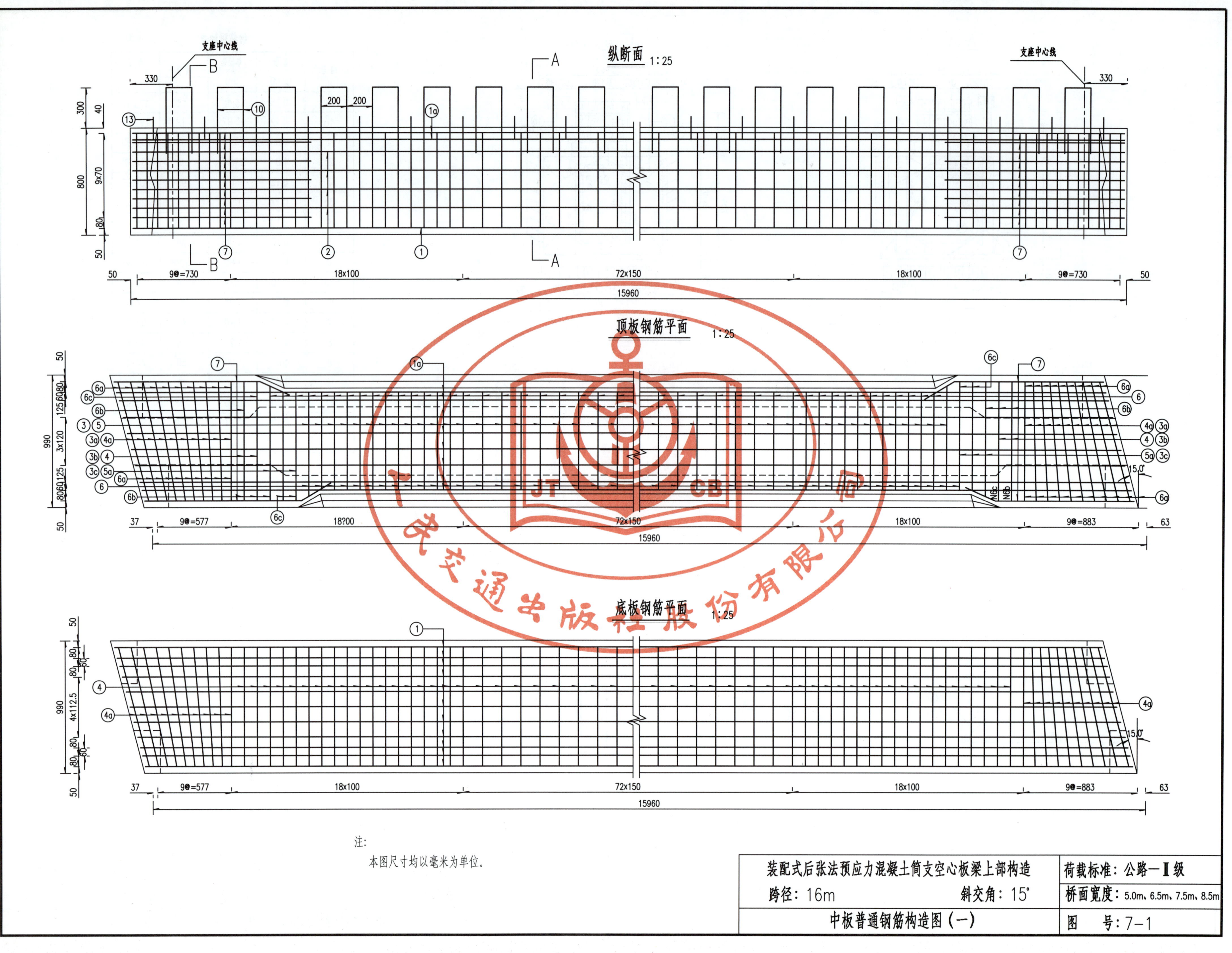

注：

本图尺寸均以毫米为单位。

装配式后张法预应力混凝土简支空心板梁上部构造	荷载标准：公路—Ⅱ级
跨径：16m　　斜交角：15°	桥面宽度：5.0m、6.5m、7.5m、8.5m
中板普通钢筋构造图（一）	图　号：7-1

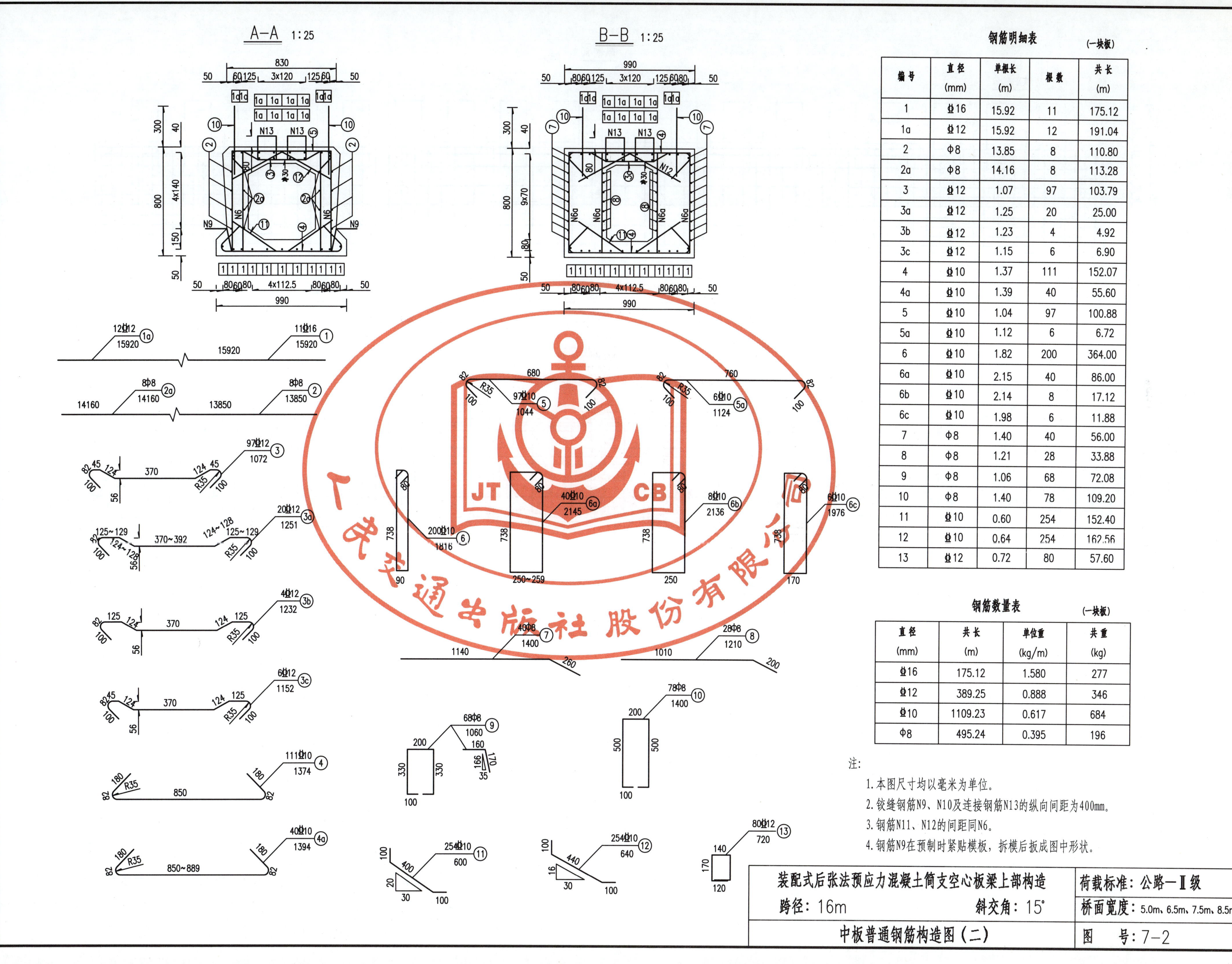

钢筋明细表 (一块板)

编号	直径 (mm)	单根长 (m)	根数	共长 (m)
1	⌀16	15.92	11	175.12
1a	⌀12	15.92	12	191.04
2	Φ8	13.85	8	110.80
2a	Φ8	14.16	8	113.28
3	⌀12	1.07	97	103.79
3a	⌀12	1.25	20	25.00
3b	⌀12	1.23	4	4.92
3c	⌀12	1.15	6	6.90
4	⌀10	1.37	111	152.07
4a	⌀10	1.39	40	55.60
5	⌀10	1.04	97	100.88
5a	⌀10	1.12	6	6.72
6	⌀10	1.82	200	364.00
6a	⌀10	2.15	40	86.00
6b	⌀10	2.14	8	17.12
6c	⌀10	1.98	6	11.88
7	Φ8	1.40	40	56.00
8	Φ8	1.21	28	33.88
9	Φ8	1.06	68	72.08
10	Φ8	1.40	78	109.20
11	⌀10	0.60	254	152.40
12	⌀10	0.64	254	162.56
13	⌀12	0.72	80	57.60

钢筋数量表 (一块板)

直径 (mm)	共长 (m)	单位重 (kg/m)	共重 (kg)
⌀16	175.12	1.580	277
⌀12	389.25	0.888	346
⌀10	1109.23	0.617	684
Φ8	495.24	0.395	196

注:

1. 本图尺寸均以毫米为单位。
2. 铰缝钢筋N9、N10及连接钢筋N13的纵向间距为400mm。
3. 钢筋N11、N12的间距同N6。
4. 钢筋N9在预制时紧贴模板，拆模后扳成图中形状。

装配式后张法预应力混凝土简支空心板梁上部构造		荷载标准：公路—Ⅱ级
跨径：16m	斜交角：15°	桥面宽度：5.0m、6.5m、7.5m、8.5m
中板普通钢筋构造图（二）		图 号：7-2

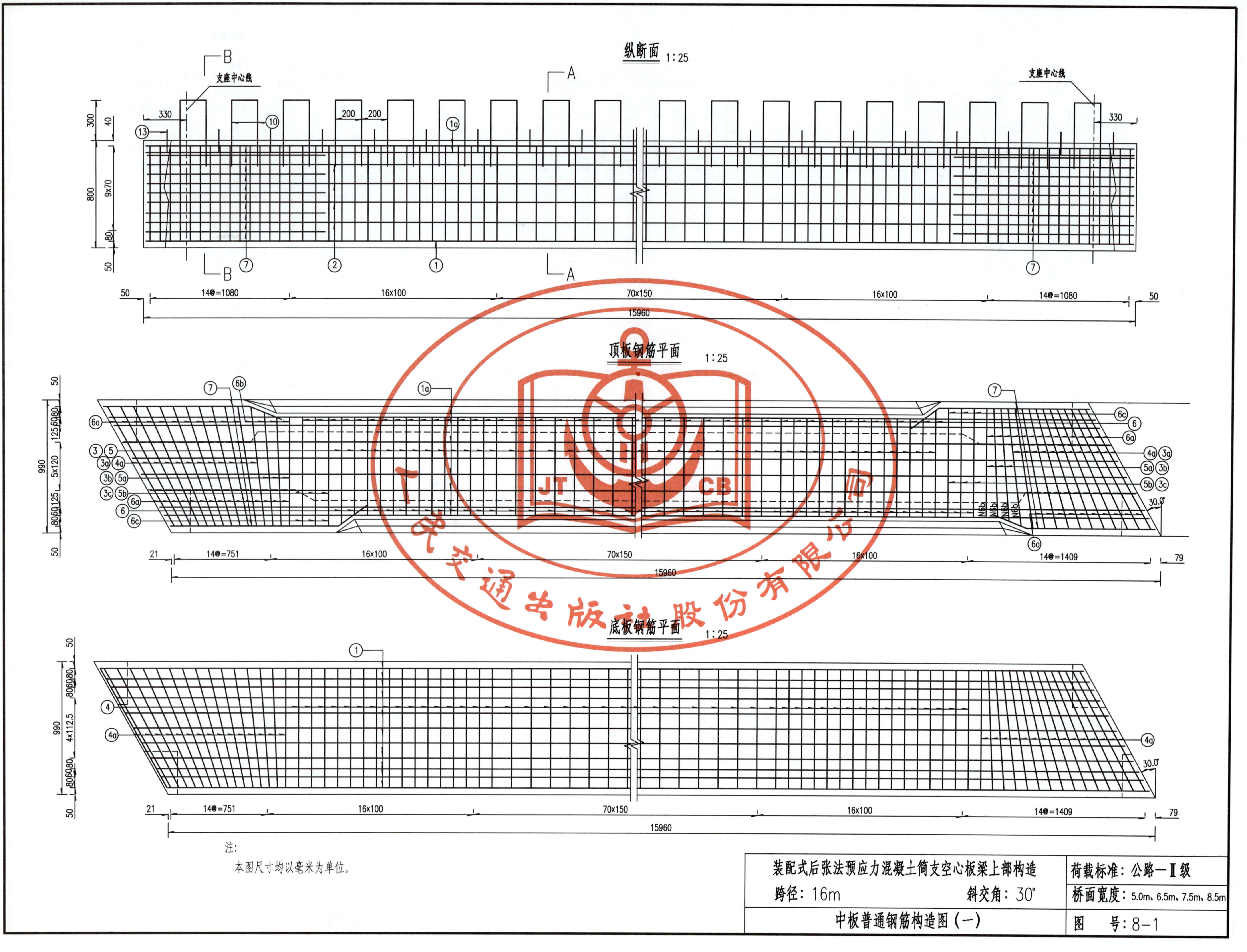
纵断面 1:25
支座中心线
顶板钢筋平面 1:25
底板钢筋平面 1:25
15960
注：
本图尺寸均以毫米为单位。
装配式后张法预应力混凝土简支空心板梁上部构造
跨径：16m
斜交角：30°
荷载标准：公路—Ⅱ级
桥面宽度：5.0m、6.5m、7.5m、8.5m
中板普通钢筋构造图（一）
图 号：8-1

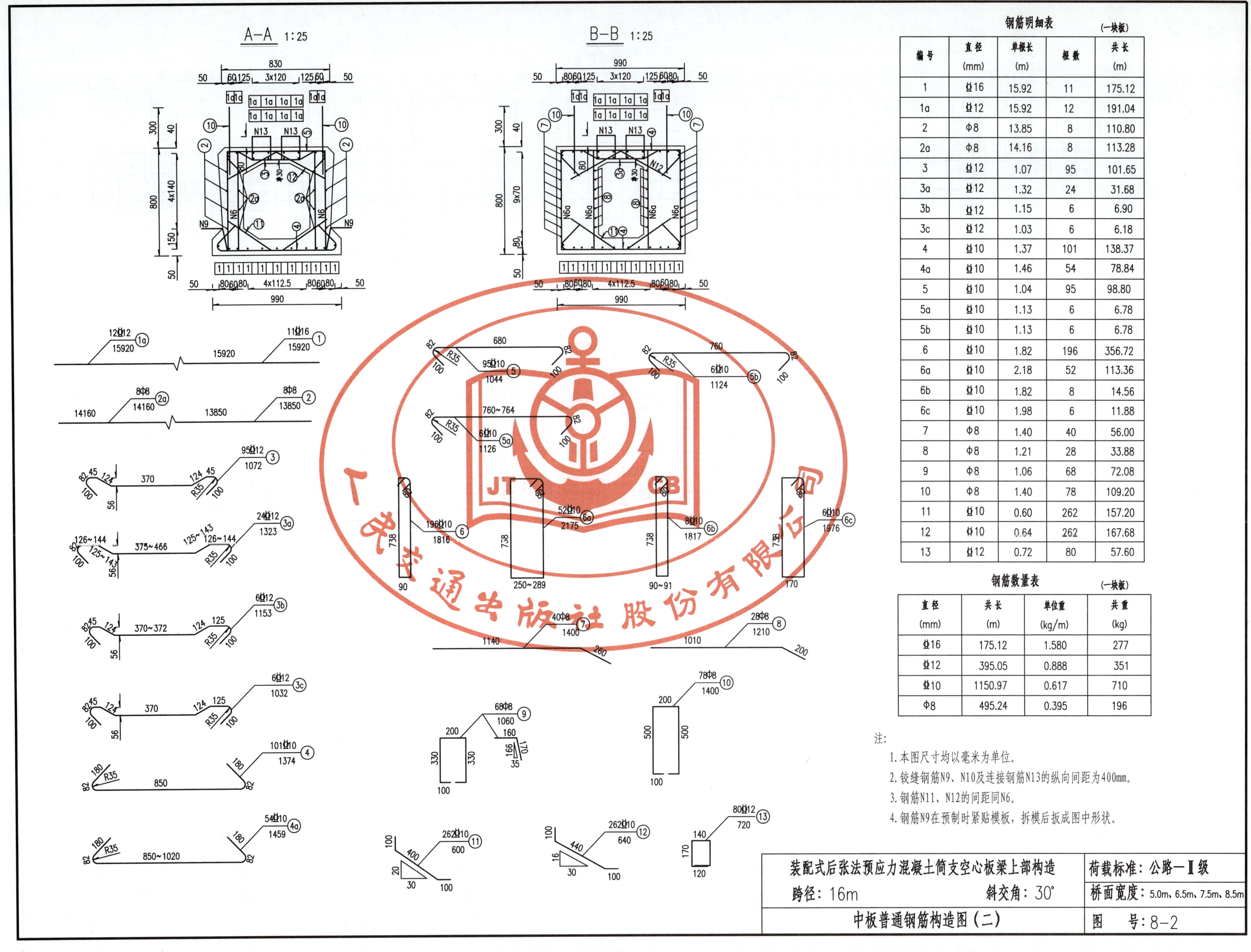

钢筋明细表 （一块板）

编号	直径 (mm)	单根长 (m)	根数	共长 (m)
1	⌀16	15.92	11	175.12
1a	⌀12	15.92	12	191.04
2	Φ8	13.85	8	110.80
2a	Φ8	14.16	8	113.28
3	⌀12	1.07	95	101.65
3a	⌀12	1.32	24	31.68
3b	⌀12	1.15	6	6.90
3c	⌀12	1.03	6	6.18
4	⌀10	1.37	101	138.37
4a	⌀10	1.46	54	78.84
5	⌀10	1.04	95	98.80
5a	⌀10	1.13	6	6.78
5b	⌀10	1.13	6	6.78
6	⌀10	1.82	196	356.72
6a	⌀10	2.18	52	113.36
6b	⌀10	1.82	8	14.56
6c	⌀10	1.98	6	11.88
7	Φ8	1.40	40	56.00
8	Φ8	1.21	28	33.88
9	Φ8	1.06	68	72.08
10	Φ8	1.40	78	109.20
11	⌀10	0.60	262	157.20
12	⌀10	0.64	262	167.68
13	⌀12	0.72	80	57.60

钢筋数量表 （一块板）

直径 (mm)	共长 (m)	单位重 (kg/m)	共重 (kg)
⌀16	175.12	1.580	277
⌀12	395.05	0.888	351
⌀10	1150.97	0.617	710
Φ8	495.24	0.395	196

注：
1. 本图尺寸均以毫米为单位。
2. 铰缝钢筋N9、N10及连接钢筋N13的纵向间距为400mm。
3. 钢筋N11、N12的间距同N6。
4. 钢筋N9在预制时紧贴模板，拆模后扳成图中形状。

装配式后张法预应力混凝土简支空心板梁上部构造 跨径：16m 斜交角：30°	荷载标准：公路—Ⅱ级 桥面宽度：5.0m、6.5m、7.5m、8.5m
中板普通钢筋构造图（二）	图 号：8-2

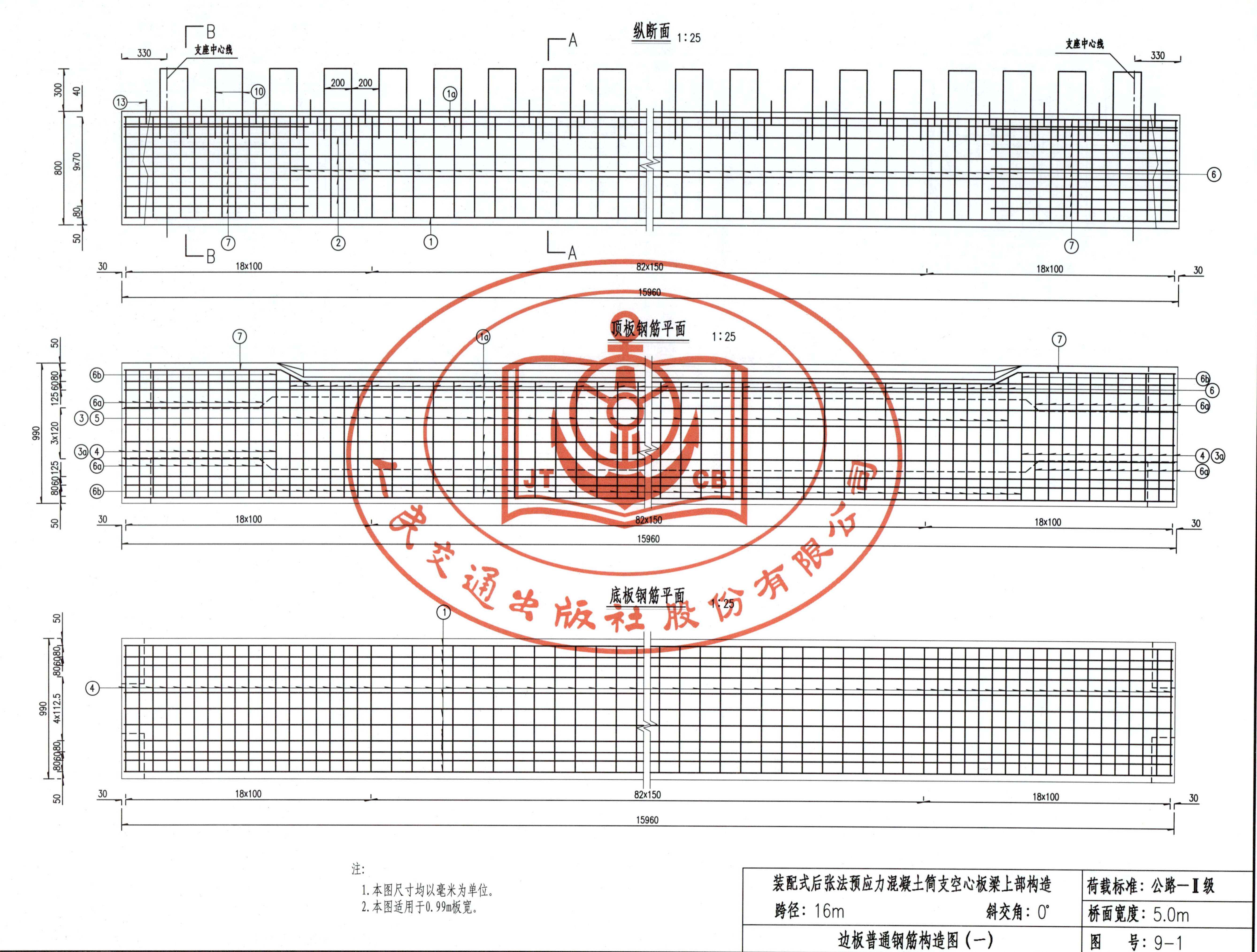

注:

1. 本图尺寸均以毫米为单位。
2. 本图适用于0.99m板宽。

装配式后张法预应力混凝土筒支空心板梁上部构造	荷载标准：公路—Ⅰ级
跨径：16m　　斜交角：0°	桥面宽度：5.0m
边板普通钢筋构造图（一）	图　号：9-1

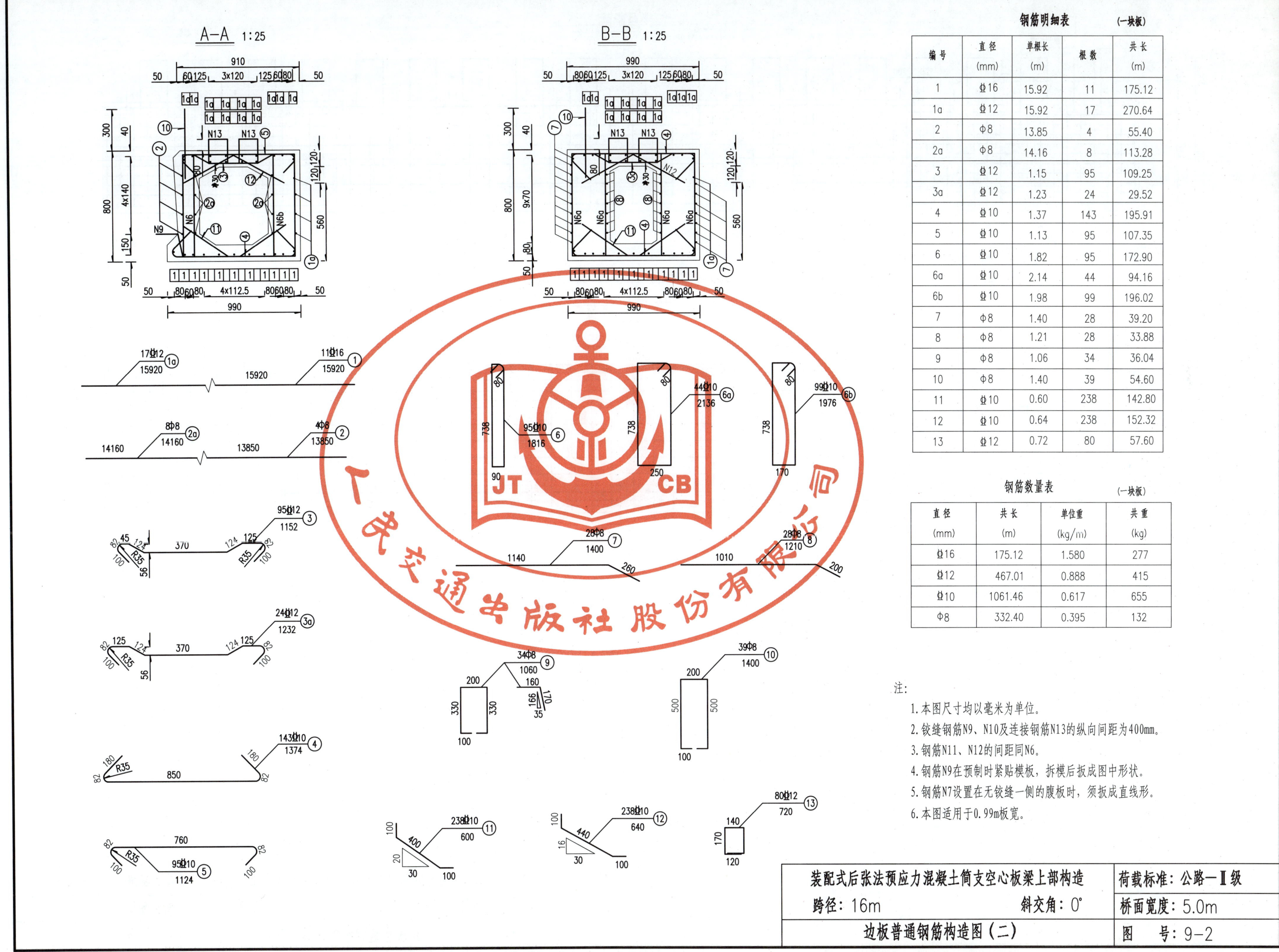

钢筋明细表 (一块板)

编号	直径 (mm)	单根长 (m)	根数	共长 (m)
1	Φ16	15.92	11	175.12
1a	Φ12	15.92	17	270.64
2	Φ8	13.85	4	55.40
2a	Φ8	14.16	8	113.28
3	Φ12	1.15	95	109.25
3a	Φ12	1.23	24	29.52
4	Φ10	1.37	143	195.91
5	Φ10	1.13	95	107.35
6	Φ10	1.82	95	172.90
6a	Φ10	2.14	44	94.16
6b	Φ10	1.98	99	196.02
7	Φ8	1.40	28	39.20
8	Φ8	1.21	28	33.88
9	Φ8	1.06	34	36.04
10	Φ8	1.40	39	54.60
11	Φ10	0.60	238	142.80
12	Φ10	0.64	238	152.32
13	Φ12	0.72	80	57.60

钢筋数量表 (一块板)

直径 (mm)	共长 (m)	单位重 (kg/m)	共重 (kg)
Φ16	175.12	1.580	277
Φ12	467.01	0.888	415
Φ10	1061.46	0.617	655
Φ8	332.40	0.395	132

注：

1. 本图尺寸均以毫米为单位。
2. 铰缝钢筋N9、N10及连接钢筋N13的纵向间距为400mm。
3. 钢筋N11、N12的间距同N6。
4. 钢筋N9在预制时紧贴模板，拆模后扳成图中形状。
5. 钢筋N7设置在无铰缝一侧的腹板时，须扳成直线形。
6. 本图适用于0.99m板宽。

装配式后张法预应力混凝土简支空心板梁上部构造		荷载标准：公路—Ⅱ级
跨径：16m	斜交角：0°	桥面宽度：5.0m
边板普通钢筋构造图（二）		图　号：9-2

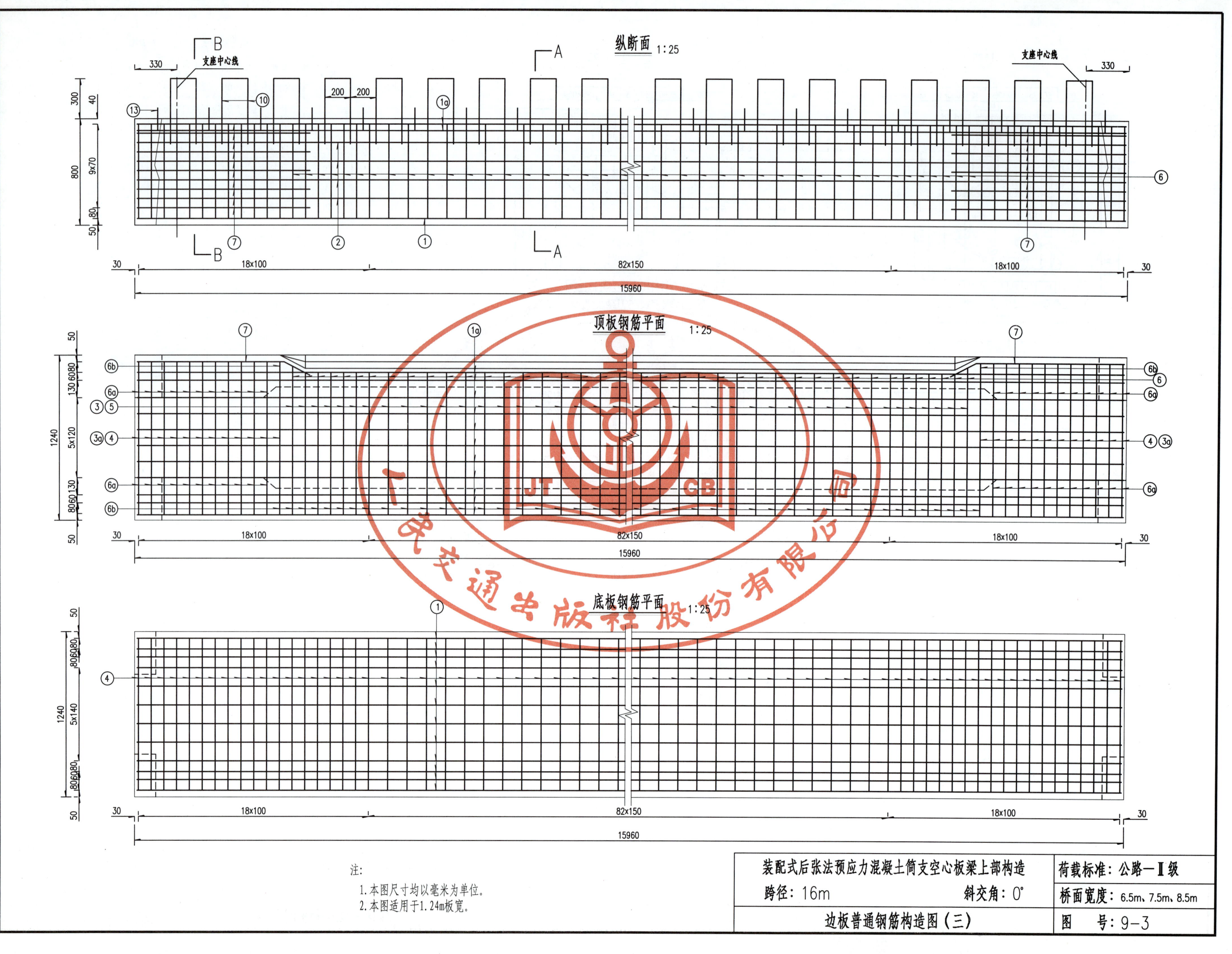

注:
1.本图尺寸均以毫米为单位。
2.本图适用于1.24m板宽。

装配式后张法预应力混凝土简支空心板梁上部构造		荷载标准：公路—Ⅱ级
跨径：16m	斜交角：0°	桥面宽度：6.5m、7.5m、8.5m
边板普通钢筋构造图（三）		图　号：9-3

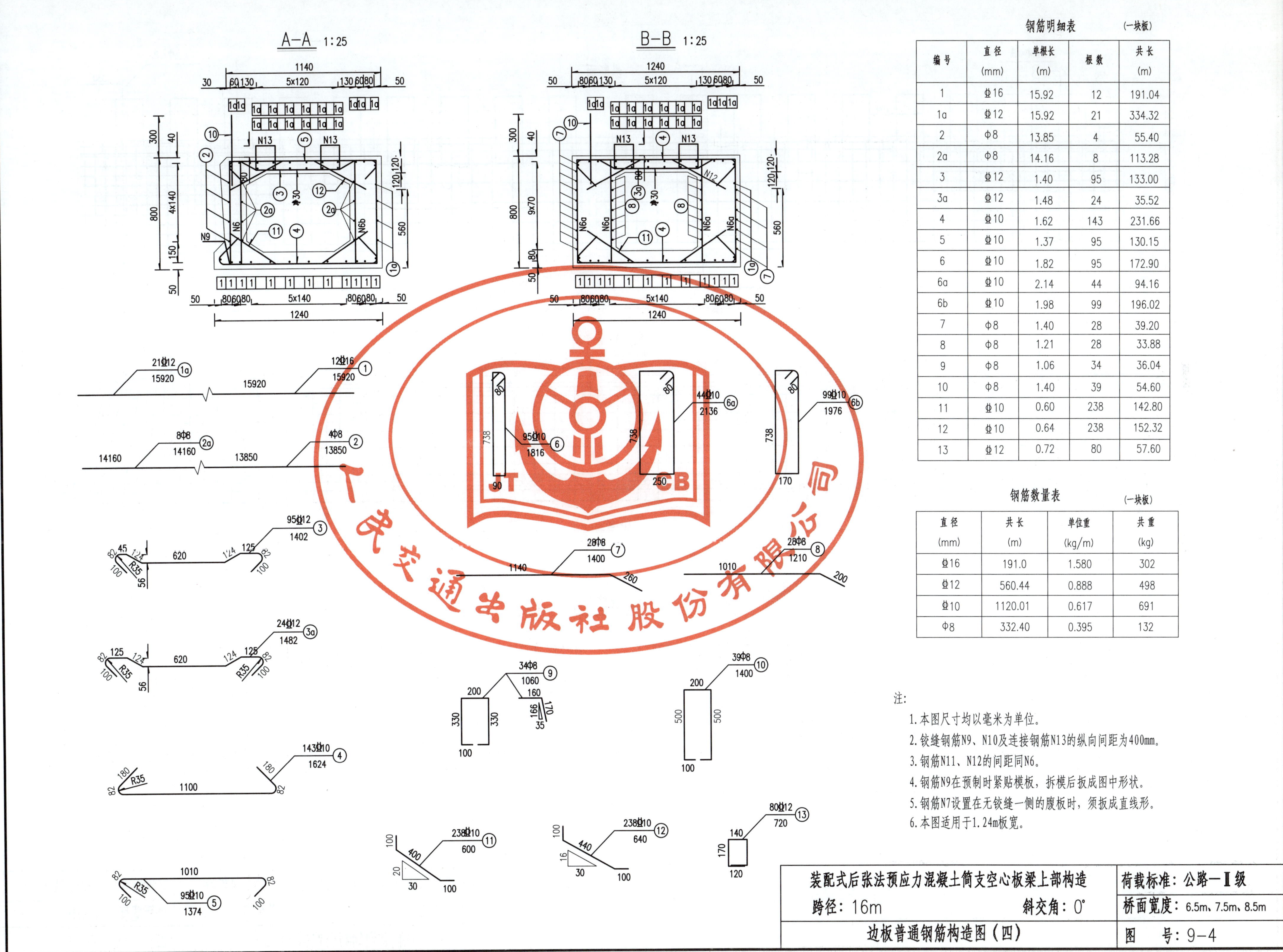

钢筋明细表 (一块板)

编号	直径 (mm)	单根长 (m)	根数	共长 (m)
1	Φ16	15.92	12	191.04
1a	Φ12	15.92	21	334.32
2	Φ8	13.85	4	55.40
2a	Φ8	14.16	8	113.28
3	Φ12	1.40	95	133.00
3a	Φ12	1.48	24	35.52
4	Φ10	1.62	143	231.66
5	Φ10	1.37	95	130.15
6	Φ10	1.82	95	172.90
6a	Φ10	2.14	44	94.16
6b	Φ10	1.98	99	196.02
7	Φ8	1.40	28	39.20
8	Φ8	1.21	28	33.88
9	Φ8	1.06	34	36.04
10	Φ8	1.40	39	54.60
11	Φ10	0.60	238	142.80
12	Φ10	0.64	238	152.32
13	Φ12	0.72	80	57.60

钢筋数量表 (一块板)

直径 (mm)	共长 (m)	单位重 (kg/m)	共重 (kg)
Φ16	191.0	1.580	302
Φ12	560.44	0.888	498
Φ10	1120.01	0.617	691
Φ8	332.40	0.395	132

注:

1. 本图尺寸均以毫米为单位。
2. 铰缝钢筋N9、N10及连接钢筋N13的纵向间距为400mm。
3. 钢筋N11、N12的间距同N6。
4. 钢筋N9在预制时紧贴模板，拆模后扳成图中形状。
5. 钢筋N7设置在无铰缝一侧的腹板时，须扳成直线形。
6. 本图适用于1.24m板宽。

装配式后张法预应力混凝土筒支空心板梁上部构造 跨径：16m 斜交角：0°	荷载标准：公路—Ⅱ级 桥面宽度：6.5m、7.5m、8.5m
边板普通钢筋构造图（四）	图 号：9—4

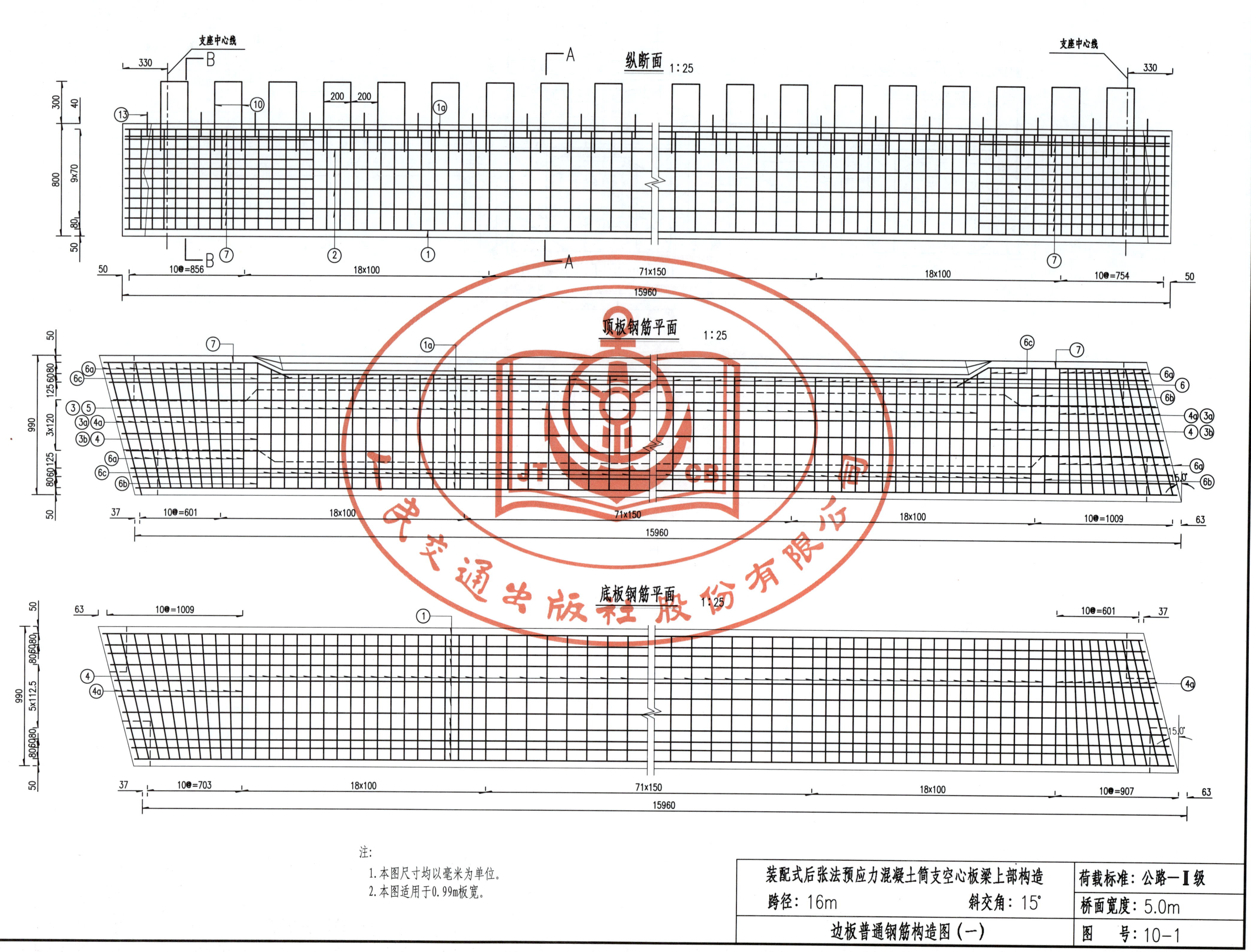

纵断面 1:25
支座中心线
330
200 200
300
40
800
9x70
80
50
50
10@=856
18x100
71x150
18x100
10@=754
15960
顶板钢筋平面 1:25
990
125
6080
3x120
8060
10@=601
18x100
71x150
18x100
10@=1009
37
63
15960
15.0°
底板钢筋平面 1:25
63
10@=1009
10@=601
37
990
5x112.5
8060
10@=703
18x100
71x150
18x100
10@=907
15960
注:
1.本图尺寸均以毫米为单位。
2.本图适用于0.99m板宽。
装配式后张法预应力混凝土简支空心板梁上部构造
跨径: 16m
斜交角: 15°
荷载标准: 公路—Ⅱ级
桥面宽度: 5.0m
边板普通钢筋构造图(一)
图 号: 10-1

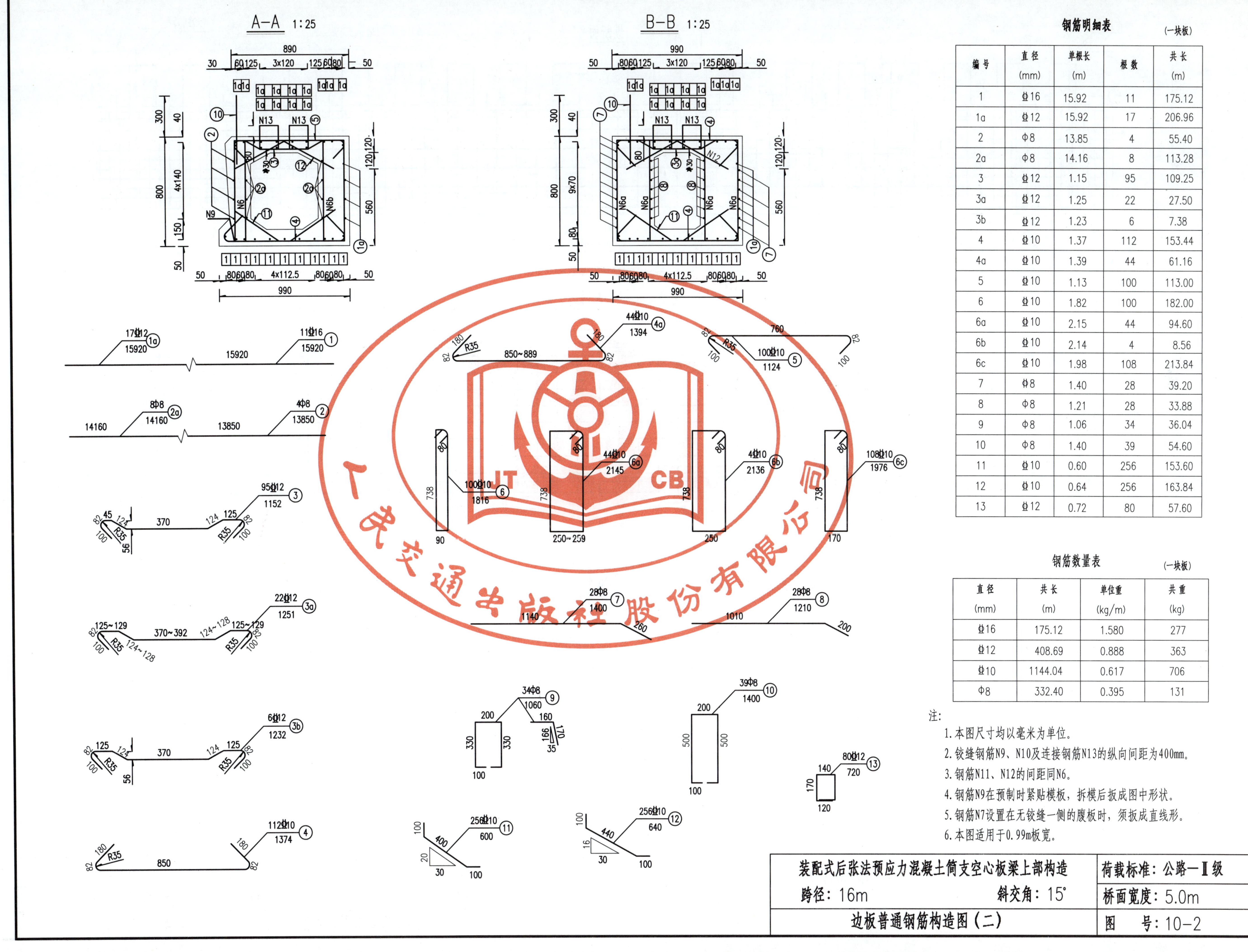

钢筋明细表 (一块板)

编号	直径 (mm)	单根长 (m)	根数	共长 (m)
1	Φ16	15.92	11	175.12
1a	Φ12	15.92	17	206.96
2	Φ8	13.85	4	55.40
2a	Φ8	14.16	8	113.28
3	Φ12	1.15	95	109.25
3a	Φ12	1.25	22	27.50
3b	Φ12	1.23	6	7.38
4	Φ10	1.37	112	153.44
4a	Φ10	1.39	44	61.16
5	Φ10	1.13	100	113.00
6	Φ10	1.82	100	182.00
6a	Φ10	2.15	44	94.60
6b	Φ10	2.14	4	8.56
6c	Φ10	1.98	108	213.84
7	Φ8	1.40	28	39.20
8	Φ8	1.21	28	33.88
9	Φ8	1.06	34	36.04
10	Φ8	1.40	39	54.60
11	Φ10	0.60	256	153.60
12	Φ10	0.64	256	163.84
13	Φ12	0.72	80	57.60

钢筋数量表 (一块板)

直径 (mm)	共长 (m)	单位重 (kg/m)	共重 (kg)
Φ16	175.12	1.580	277
Φ12	408.69	0.888	363
Φ10	1144.04	0.617	706
Φ8	332.40	0.395	131

注:
1. 本图尺寸均以毫米为单位。
2. 铰缝钢筋N9、N10及连接钢筋N13的纵向间距为400mm。
3. 钢筋N11、N12的间距同N6。
4. 钢筋N9在预制时紧贴模板，拆模后扳成图中形状。
5. 钢筋N7设置在无铰缝一侧的腹板时，须扳成直线形。
6. 本图适用于0.99m板宽。

装配式后张法预应力混凝土筒支空心板梁上部构造		荷载标准：公路—Ⅱ级
跨径：16m	斜交角：15°	桥面宽度：5.0m
边板普通钢筋构造图（二）		图　号：10-2

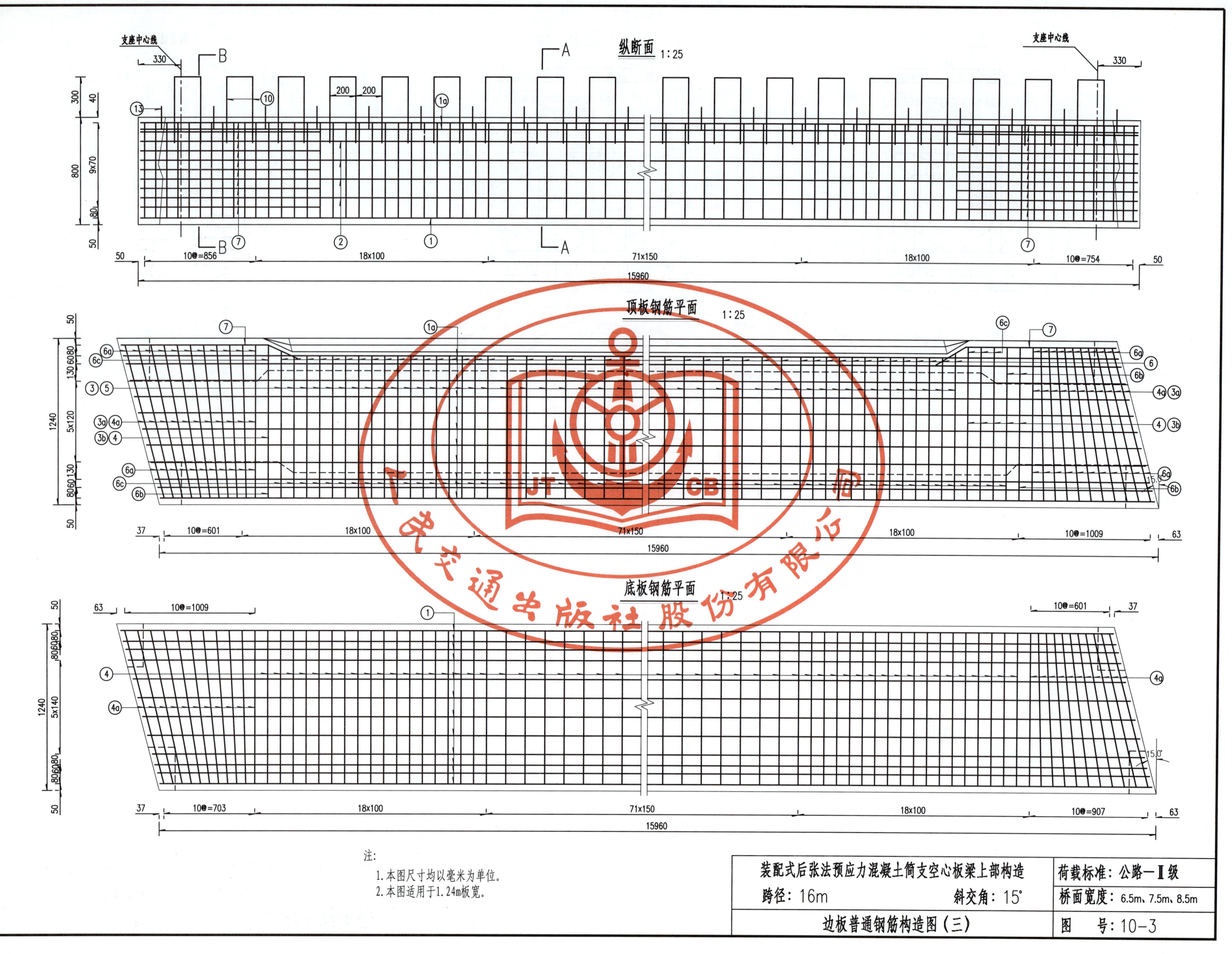

注:
1.本图尺寸均以毫米为单位。
2.本图适用于1.24m板宽。

装配式后张法预应力混凝土筒支空心板梁上部构造		荷载标准:公路—Ⅱ级
跨径:16m	斜交角:15°	桥面宽度:6.5m、7.5m、8.5m
边板普通钢筋构造图(三)		图 号:10-3

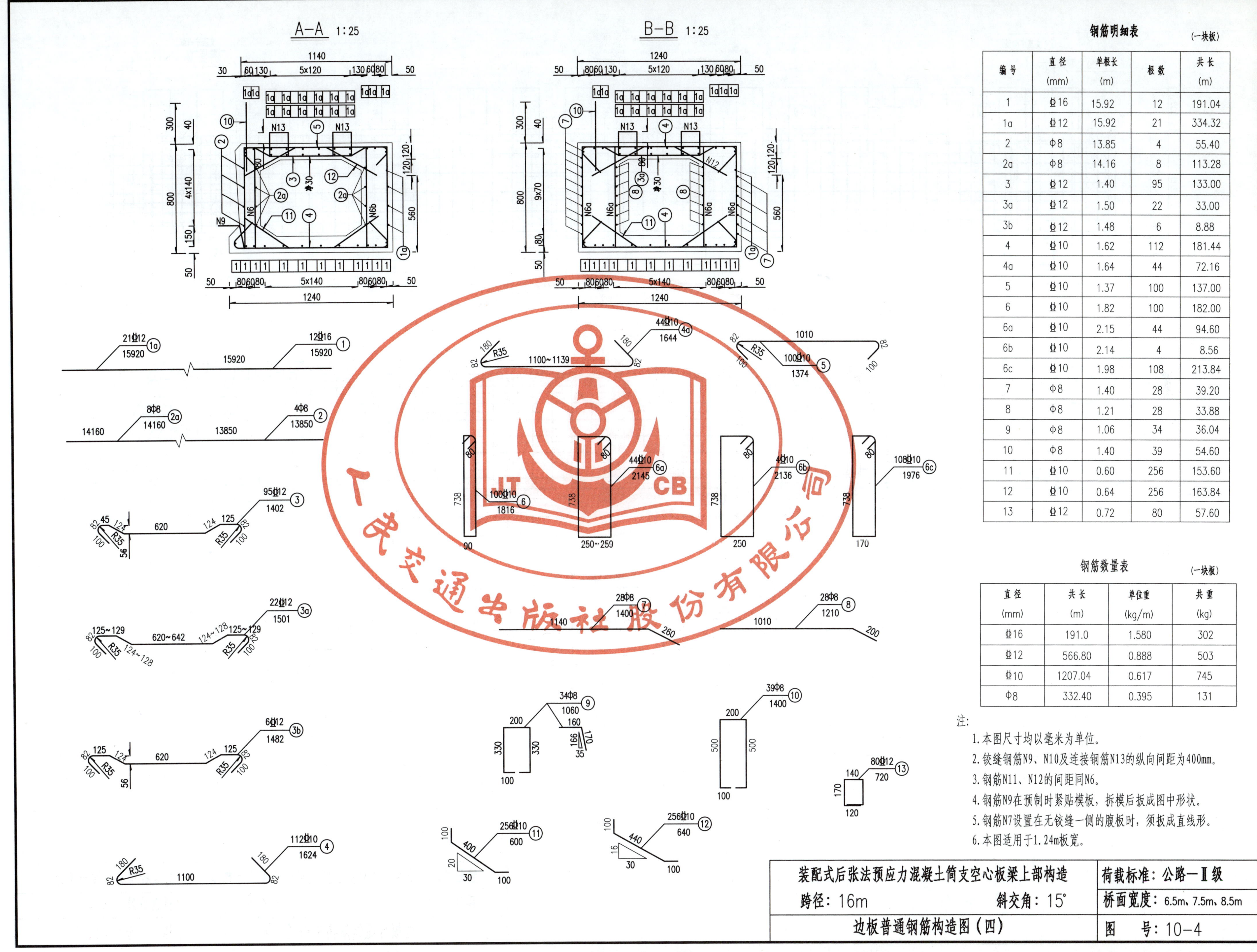

钢筋明细表 (一块板)

编号	直径 (mm)	单根长 (m)	根数	共长 (m)
1	Φ16	15.92	12	191.04
1a	Φ12	15.92	21	334.32
2	Φ8	13.85	4	55.40
2a	Φ8	14.16	8	113.28
3	Φ12	1.40	95	133.00
3a	Φ12	1.50	22	33.00
3b	Φ12	1.48	6	8.88
4	Φ10	1.62	112	181.44
4a	Φ10	1.64	44	72.16
5	Φ10	1.37	100	137.00
6	Φ10	1.82	100	182.00
6a	Φ10	2.15	44	94.60
6b	Φ10	2.14	4	8.56
6c	Φ10	1.98	108	213.84
7	Φ8	1.40	28	39.20
8	Φ8	1.21	28	33.88
9	Φ8	1.06	34	36.04
10	Φ8	1.40	39	54.60
11	Φ10	0.60	256	153.60
12	Φ10	0.64	256	163.84
13	Φ12	0.72	80	57.60

钢筋数量表 (一块板)

直径 (mm)	共长 (m)	单位重 (kg/m)	共重 (kg)
Φ16	191.0	1.580	302
Φ12	566.80	0.888	503
Φ10	1207.04	0.617	745
Φ8	332.40	0.395	131

注：
1. 本图尺寸均以毫米为单位。
2. 铰缝钢筋N9、N10及连接钢筋N13的纵向间距为400mm。
3. 钢筋N11、N12的间距同N6。
4. 钢筋N9在预制时紧贴模板，拆模后扳成图中形状。
5. 钢筋N7设置在无铰缝一侧的腹板时，须扳成直线形。
6. 本图适用于1.24m板宽。

装配式后张法预应力混凝土简支空心板梁上部构造	荷载标准：公路—Ⅰ级
跨径：16m　斜交角：15°	桥面宽度：6.5m、7.5m、8.5m
边板普通钢筋构造图（四）	图　号：10—4

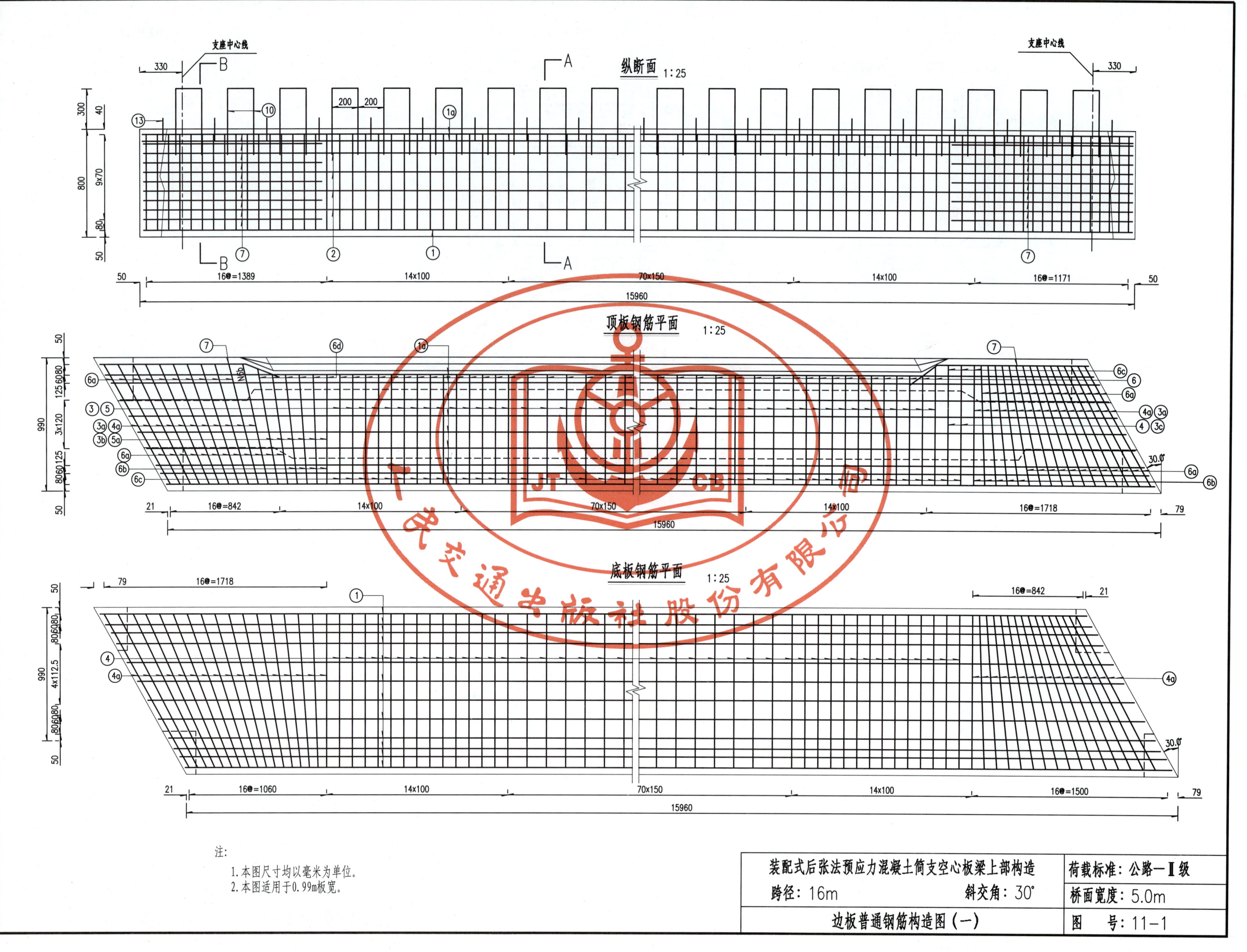

注：
1. 本图尺寸均以毫米为单位。
2. 本图适用于0.99m板宽。

装配式后张法预应力混凝土筒支空心板梁上部构造		荷载标准：公路—Ⅱ级
跨径：16m	斜交角：30°	桥面宽度：5.0m
边板普通钢筋构造图（一）		图　号：11-1

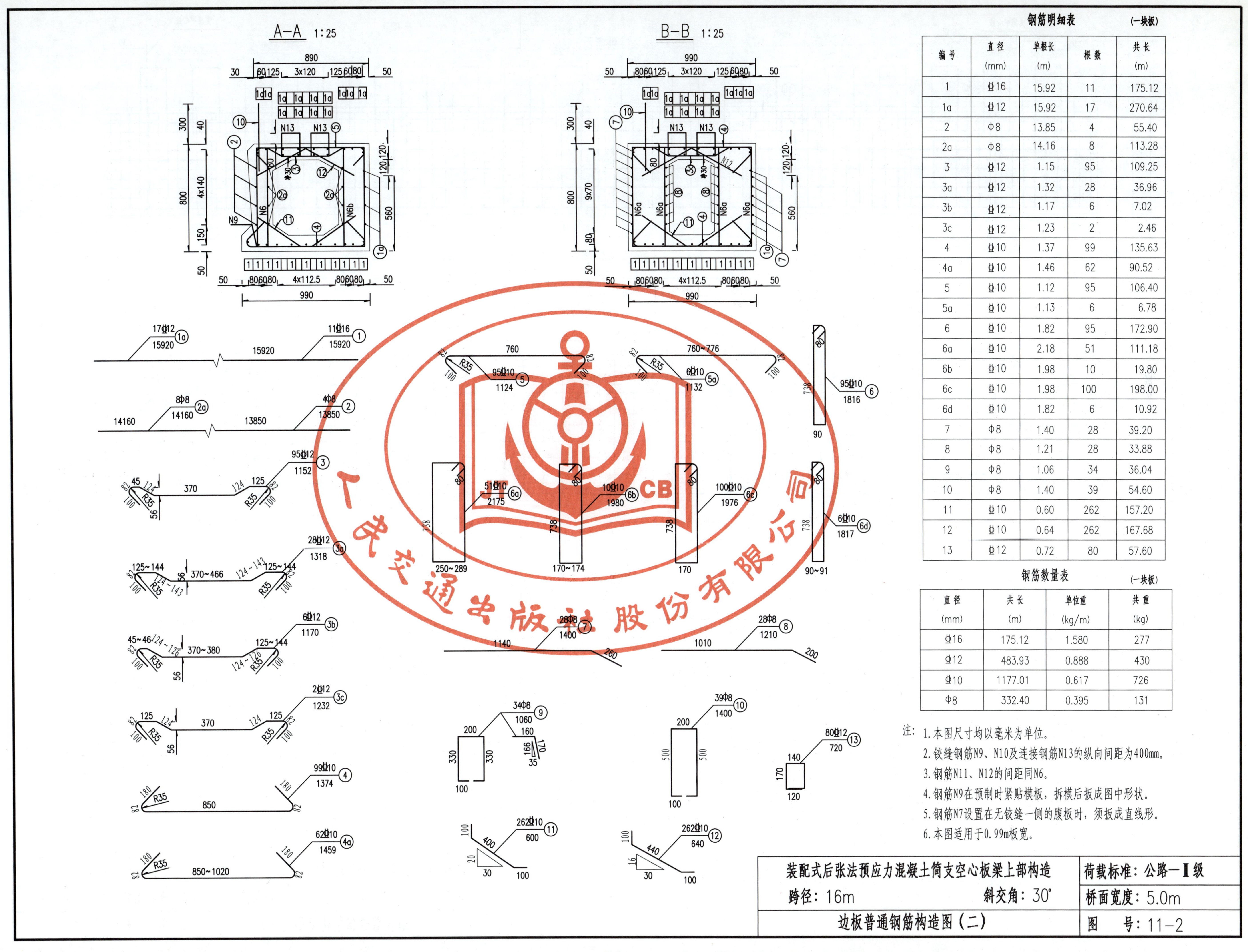

钢筋明细表 （一块板）

编号	直径 (mm)	单根长 (m)	根数	共长 (m)
1	Φ16	15.92	11	175.12
1a	Φ12	15.92	17	270.64
2	Φ8	13.85	4	55.40
2a	Φ8	14.16	8	113.28
3	Φ12	1.15	95	109.25
3a	Φ12	1.32	28	36.96
3b	Φ12	1.17	6	7.02
3c	Φ12	1.23	2	2.46
4	Φ10	1.37	99	135.63
4a	Φ10	1.46	62	90.52
5	Φ10	1.12	95	106.40
5a	Φ10	1.13	6	6.78
6	Φ10	1.82	95	172.90
6a	Φ10	2.18	51	111.18
6b	Φ10	1.98	10	19.80
6c	Φ10	1.98	100	198.00
6d	Φ10	1.82	6	10.92
7	Φ8	1.40	28	39.20
8	Φ8	1.21	28	33.88
9	Φ8	1.06	34	36.04
10	Φ8	1.40	39	54.60
11	Φ10	0.60	262	157.20
12	Φ10	0.64	262	167.68
13	Φ12	0.72	80	57.60

钢筋数量表 （一块板）

直径 (mm)	共长 (m)	单位重 (kg/m)	共重 (kg)
Φ16	175.12	1.580	277
Φ12	483.93	0.888	430
Φ10	1177.01	0.617	726
Φ8	332.40	0.395	131

注：1. 本图尺寸均以毫米为单位。
2. 铰缝钢筋N9、N10及连接钢筋N13的纵向间距为400mm。
3. 钢筋N11、N12的间距同N6。
4. 钢筋N9在预制时紧贴模板，拆模后扳成图中形状。
5. 钢筋N7设置在无铰缝一侧的腹板时，须扳成直线形。
6. 本图适用于0.99m板宽。

装配式后张法预应力混凝土简支空心板梁上部构造		荷载标准：公路—Ⅱ级
跨径：16m	斜交角：30°	桥面宽度：5.0m
边板普通钢筋构造图（二）		图号：11-2

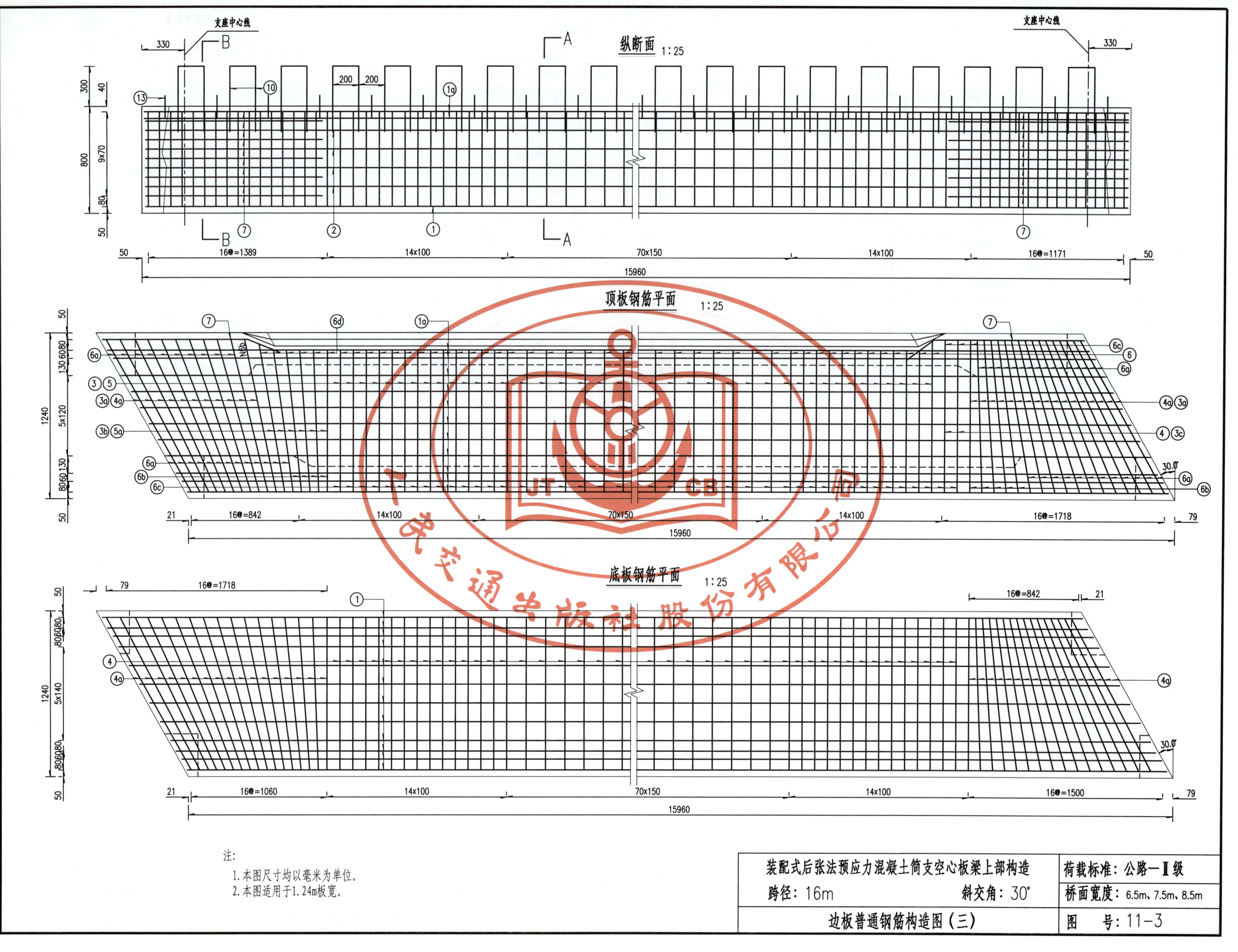

纵断面 1:25
支座中心线
顶板钢筋平面 1:25
底板钢筋平面 1:25
16@=1389
14x100
70x150
14x100
16@=1171
15960
16@=842
16@=1718
16@=1060
16@=1500
注:
1.本图尺寸均以毫米为单位。
2.本图适用于1.24m板宽。
装配式后张法预应力混凝土简支空心板梁上部构造
跨径:16m
斜交角:30°
荷载标准:公路—Ⅱ级
桥面宽度:6.5m、7.5m、8.5m
边板普通钢筋构造图(三)
图号:11-3

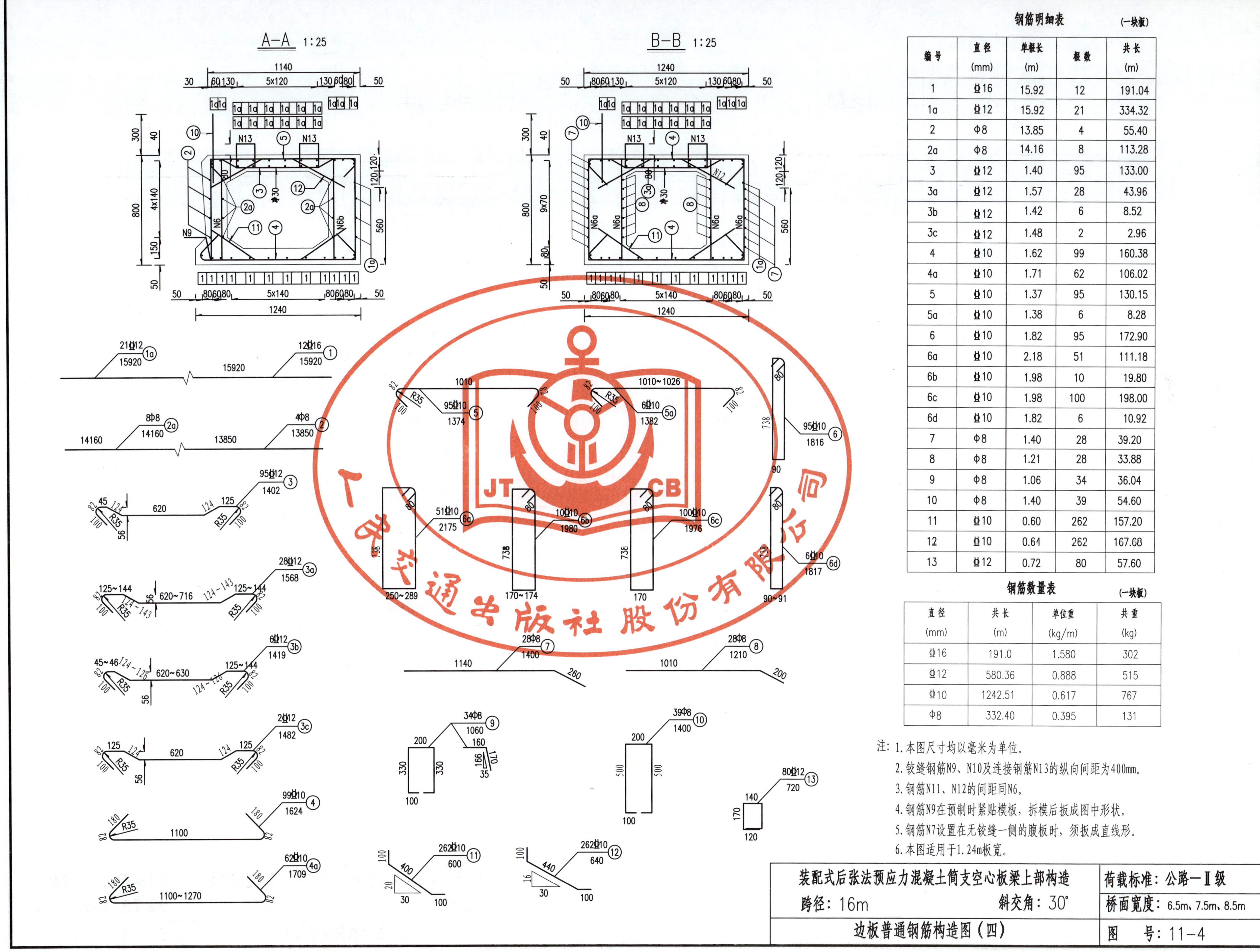

钢筋明细表 (一块板)

编号	直径 (mm)	单根长 (m)	根数	共长 (m)
1	Φ16	15.92	12	191.04
1a	Φ12	15.92	21	334.32
2	Φ8	13.85	4	55.40
2a	Φ8	14.16	8	113.28
3	Φ12	1.40	95	133.00
3a	Φ12	1.57	28	43.96
3b	Φ12	1.42	6	8.52
3c	Φ12	1.48	2	2.96
4	Φ10	1.62	99	160.38
4a	Φ10	1.71	62	106.02
5	Φ10	1.37	95	130.15
5a	Φ10	1.38	6	8.28
6	Φ10	1.82	95	172.90
6a	Φ10	2.18	51	111.18
6b	Φ10	1.98	10	19.80
6c	Φ10	1.98	100	198.00
6d	Φ10	1.82	6	10.92
7	Φ8	1.40	28	39.20
8	Φ8	1.21	28	33.88
9	Φ8	1.06	34	36.04
10	Φ8	1.40	39	54.60
11	Φ10	0.60	262	157.20
12	Φ10	0.64	262	167.68
13	Φ12	0.72	80	57.60

钢筋数量表 (一块板)

直径 (mm)	共长 (m)	单位重 (kg/m)	共重 (kg)
Φ16	191.0	1.580	302
Φ12	580.36	0.888	515
Φ10	1242.51	0.617	767
Φ8	332.40	0.395	131

注：1. 本图尺寸均以毫米为单位。
2. 铰缝钢筋N9、N10及连接钢筋N13的纵向间距为400mm。
3. 钢筋N11、N12的间距同N6。
4. 钢筋N9在预制时紧贴模板，拆模后扳成图中形状。
5. 钢筋N7设置在无铰缝一侧的腹板时，须扳成直线形。
6. 本图适用于1.24m板宽。

装配式后张法预应力混凝土简支空心板梁上部构造		荷载标准：公路—Ⅱ级
跨径：16m	斜交角：30°	桥面宽度：6.5m、7.5m、8.5m
边板普通钢筋构造图（四）		图 号：11—4

立面图 1:20

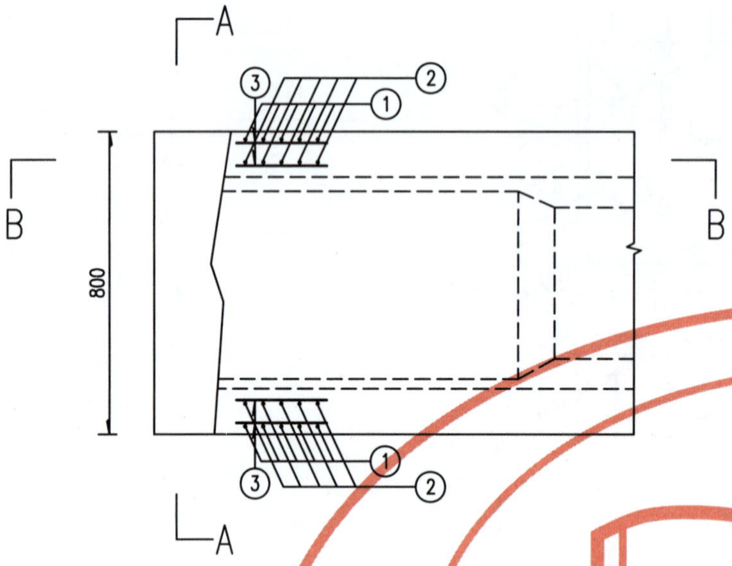

A–A 1:20

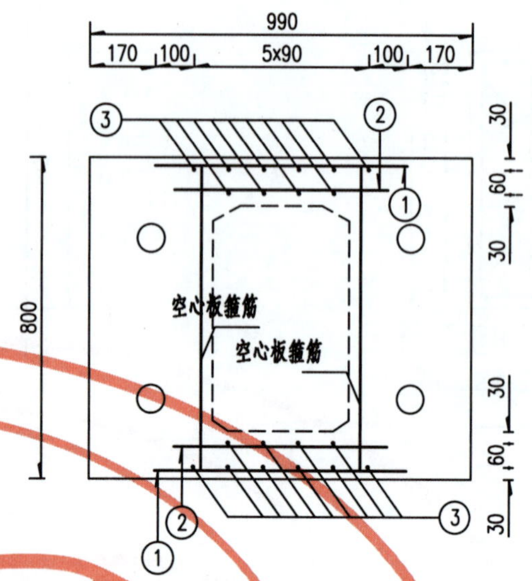

990

170 100 5x90 100 170

空心板箍筋

B–B 1:20

4x50

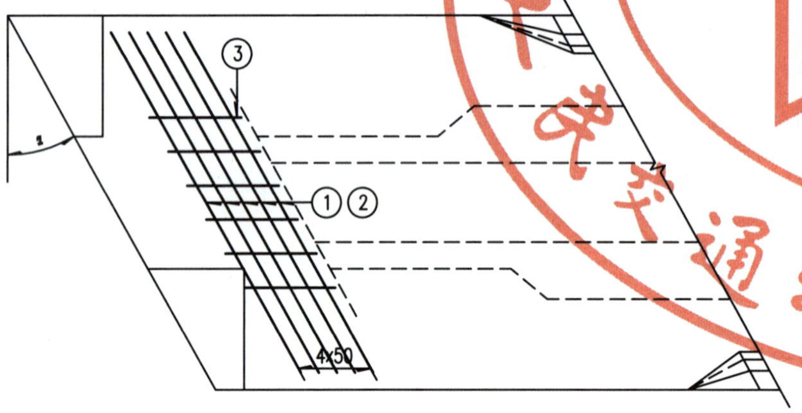

钢筋明细表 （一端）

编号	直径 (mm)	单根长 (m)	根数	共长 (m)
1	Φ10	0.65	10	6.50
2	Φ10	0.55	10	5.50
3	Φ10	0.25	20	5.00

钢筋数量表 （一块板）

直径 (mm)	单位重 (kg/m)	总长 (m)	总重 (kg)
Φ10	0.617	2x17.0	21

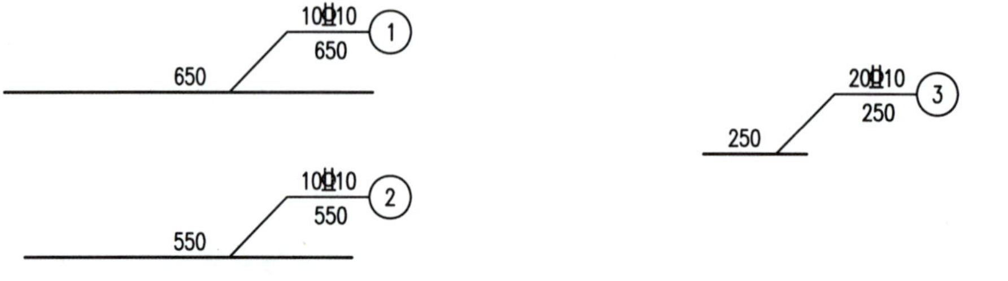

注：

1. 本图尺寸均以毫米为单位。
2. 本图适用于0.99m板宽。

装配式后张法预应力混凝土简支空心板梁上部构造	荷载标准：公路—Ⅰ级
跨径：16m　斜交角：0°、15°、30°	桥面宽度：5.0m、6.5m、7.5m、8.5m
板端加强钢筋构造图（一）	图　号：12-1

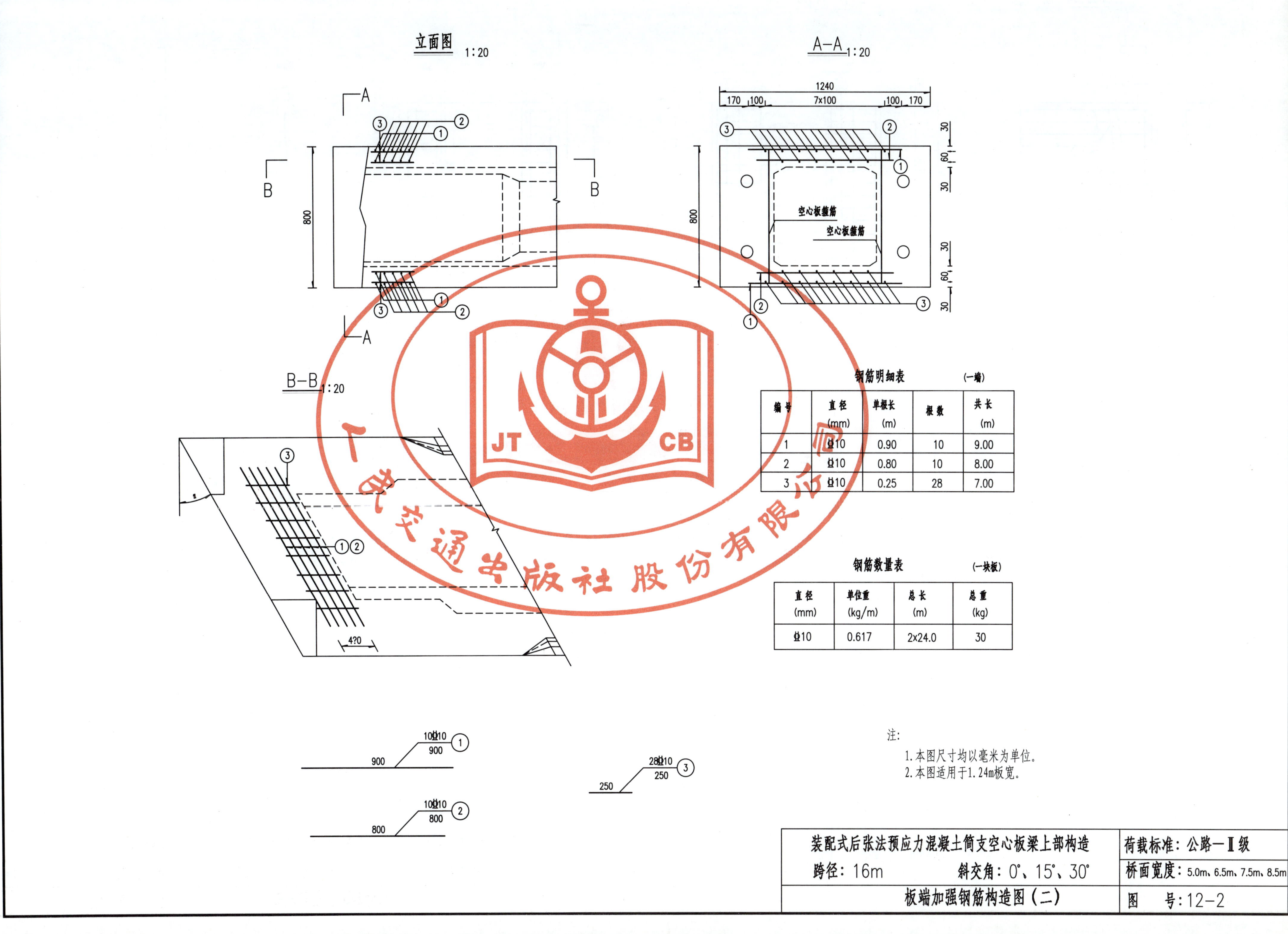

钢筋明细表 （一端）

编号	直径 (mm)	单根长 (m)	根数	共长 (m)
1	Φ10	0.90	10	9.00
2	Φ10	0.80	10	8.00
3	Φ10	0.25	28	7.00

钢筋数量表 （一块板）

直径 (mm)	单位重 (kg/m)	总长 (m)	总重 (kg)
Φ10	0.617	2x24.0	30

注：

1. 本图尺寸均以毫米为单位。
2. 本图适用于1.24m板宽。

装配式后张法预应力混凝土简支空心板梁上部构造	荷载标准：公路—Ⅱ级
跨径：16m 斜交角：0°、15°、30°	桥面宽度：5.0m、6.5m、7.5m、8.5m
板端加强钢筋构造图（二）	图 号：12-2

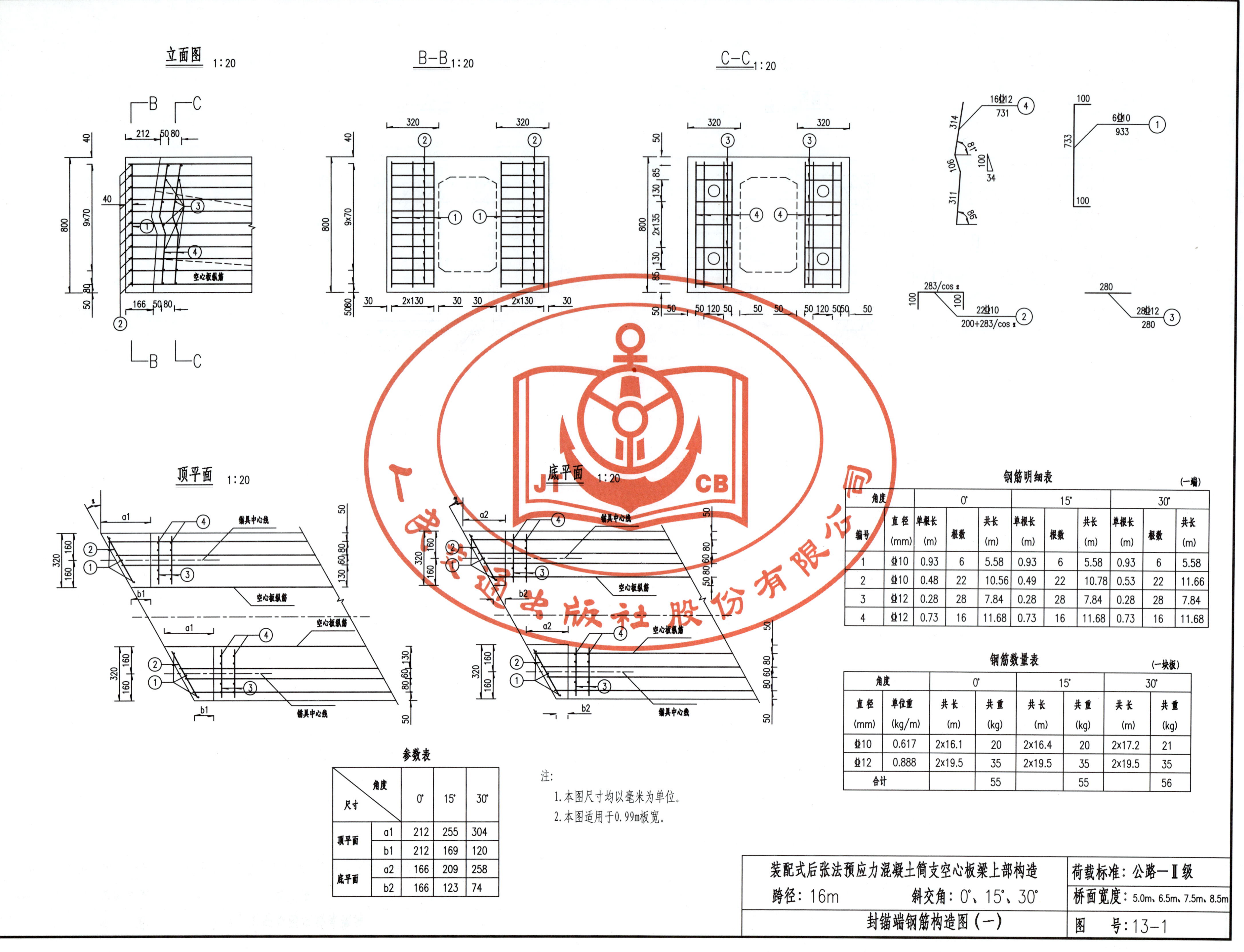

参数表

尺寸＼角度		0°	15°	30°
顶平面	a1	212	255	304
	b1	212	169	120
底平面	a2	166	209	258
	b2	166	123	74

钢筋明细表 （一端）

角度		0°			15°			30°		
编号	直径 (mm)	单根长 (m)	根数	共长 (m)	单根长 (m)	根数	共长 (m)	单根长 (m)	根数	共长 (m)
1	Φ10	0.93	6	5.58	0.93	6	5.58	0.93	6	5.58
2	Φ10	0.48	22	10.56	0.49	22	10.78	0.53	22	11.66
3	Φ12	0.28	28	7.84	0.28	28	7.84	0.28	28	7.84
4	Φ12	0.73	16	11.68	0.73	16	11.68	0.73	16	11.68

钢筋数量表 （一块板）

角度		0°		15°		30°	
直径 (mm)	单位重 (kg/m)	共长 (m)	共重 (kg)	共长 (m)	共重 (kg)	共长 (m)	共重 (kg)
Φ10	0.617	2x16.1	20	2x16.4	20	2x17.2	21
Φ12	0.888	2x19.5	35	2x19.5	35	2x19.5	35
合计			55		55		56

注：

1. 本图尺寸均以毫米为单位。
2. 本图适用于0.99m板宽。

装配式后张法预应力混凝土简支空心板梁上部构造

跨径：16m　斜交角：0°、15°、30°

荷载标准：公路—Ⅱ级

桥面宽度：5.0m、6.5m、7.5m、8.5m

封锚端钢筋构造图（一）

图　号：13-1

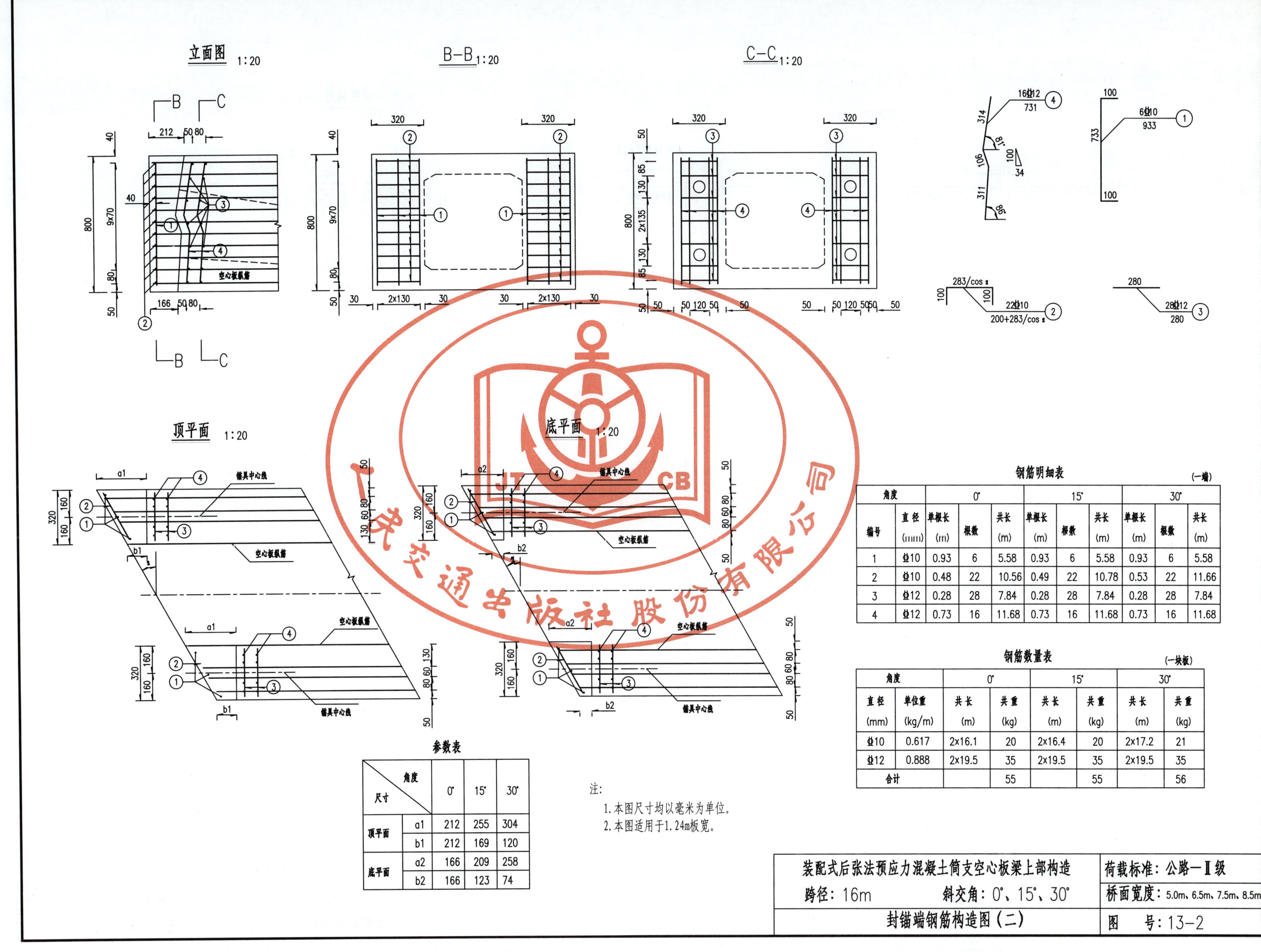

钢筋明细表 (一端)

编号	直径 (mm)	0° 单根长 (m)	0° 根数	0° 共长 (m)	15° 单根长 (m)	15° 根数	15° 共长 (m)	30° 单根长 (m)	30° 根数	30° 共长 (m)
1	Φ10	0.93	6	5.58	0.93	6	5.58	0.93	6	5.58
2	Φ10	0.48	22	10.56	0.49	22	10.78	0.53	22	11.66
3	Φ12	0.28	28	7.84	0.28	28	7.84	0.28	28	7.84
4	Φ12	0.73	16	11.68	0.73	16	11.68	0.73	16	11.68

钢筋数量表 (一块板)

直径 (mm)	单位重 (kg/m)	0° 共长 (m)	0° 共重 (kg)	15° 共长 (m)	15° 共重 (kg)	30° 共长 (m)	30° 共重 (kg)
Φ10	0.617	2x16.1	20	2x16.4	20	2x17.2	21
Φ12	0.888	2x19.5	35	2x19.5	35	2x19.5	35
合计			55		55		56

参数表

尺寸 \ 角度		0°	15°	30°
顶平面	a1	212	255	304
	b1	212	169	120
底平面	a2	166	209	258
	b2	166	123	74

注：
1. 本图尺寸均以毫米为单位。
2. 本图适用于1.24m板宽。

装配式后张法预应力混凝土筒支空心板梁上部构造
跨径：16m 斜交角：0°、15°、30°
荷载标准：公路—Ⅱ级
桥面宽度：5.0m、6.5m、7.5m、8.5m
封锚端钢筋构造图（二）
图 号：13-2

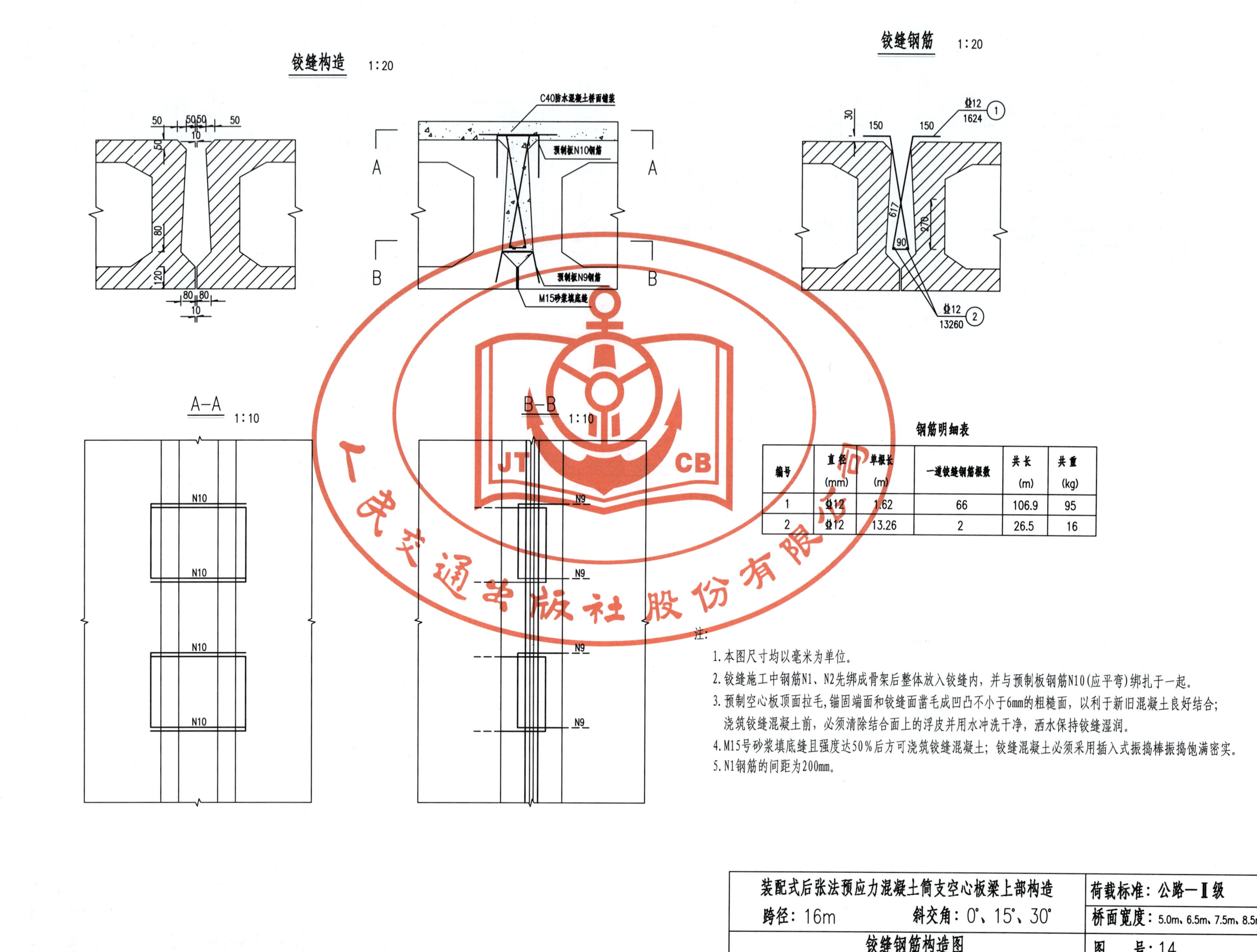

钢筋明细表

编号	直径 (mm)	单根长 (m)	一道铰缝钢筋根数	共长 (m)	共重 (kg)
1	Φ12	1.62	66	106.9	95
2	Φ12	13.26	2	26.5	16

注：

1. 本图尺寸均以毫米为单位。
2. 铰缝施工中钢筋N1、N2先绑成骨架后整体放入铰缝内，并与预制板钢筋N10(应平弯)绑扎于一起。
3. 预制空心板顶面拉毛，锚固端面和铰缝面凿毛成凹凸不小于6mm的粗糙面，以利于新旧混凝土良好结合；浇筑铰缝混凝土前，必须清除结合面上的浮皮并用水冲洗干净，洒水保持铰缝湿润。
4. M15号砂浆填底缝且强度达50%后方可浇筑铰缝混凝土；铰缝混凝土必须采用插入式振捣棒振捣饱满密实。
5. N1钢筋的间距为200mm。

装配式后张法预应力混凝土简支空心板梁上部构造 跨径：16m　　斜交角：0°、15°、30°	荷载标准：公路—Ⅱ级
	桥面宽度：5.0m、6.5m、7.5m、8.5m
铰缝钢筋构造图	图　号：14

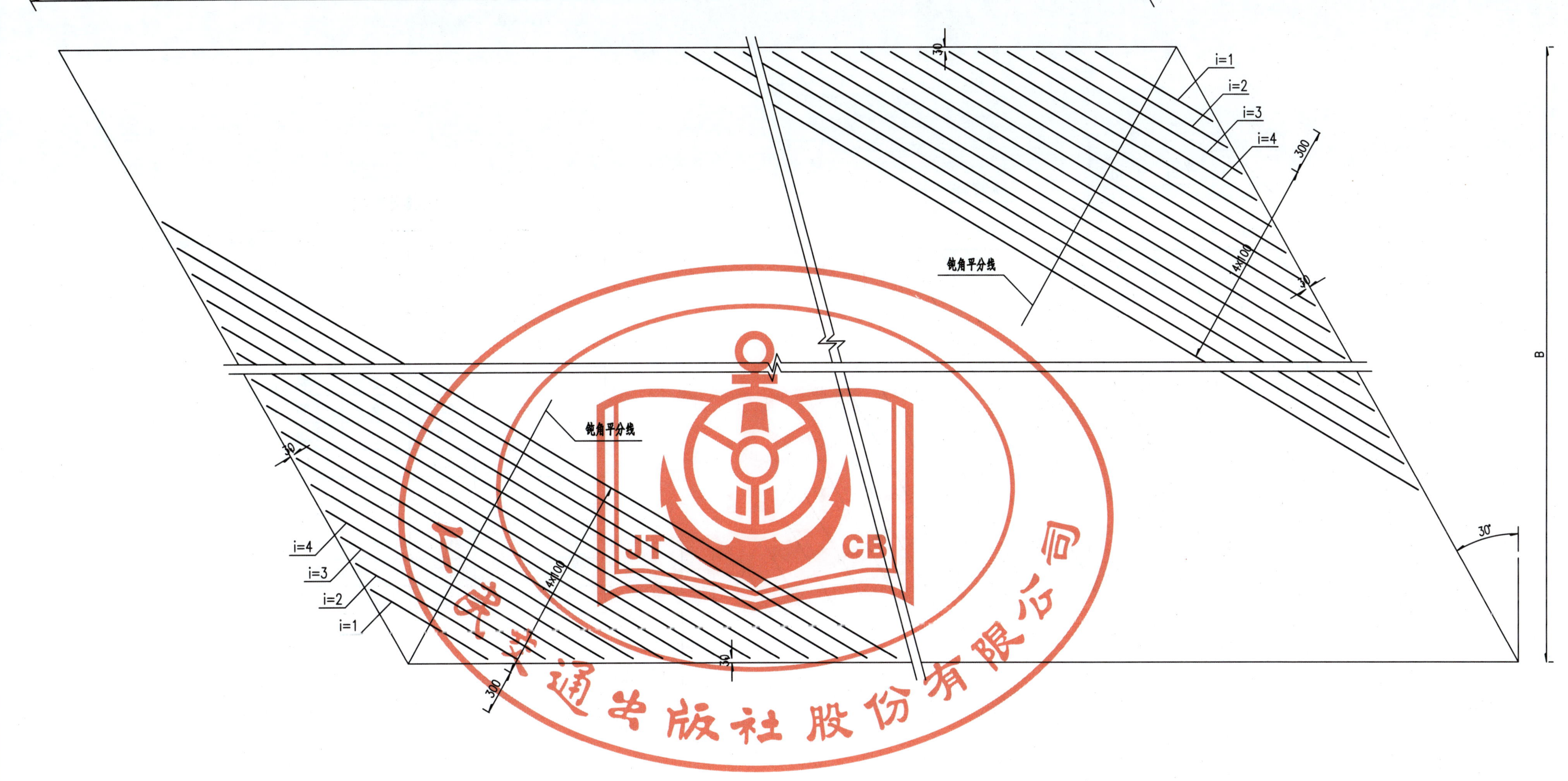

钢筋数量表

直径 (mm)	单根长L1 (m)	平均长 (m)	根数	共长 (m)	单位重 (kg/m)	共重 (kg)
Φ12	0.92	3.34	30	100.2	0.888	89

注：

1. 本图尺寸均以毫米为单位。
2. 本图钢筋绑扎于桥面现浇层钢筋网上。
3. 各钢筋长度按下式计算：
   $L_i=L_1+2\times(i-1)\times100\times\tan60°$
   式中i=1，2，3……15。
   L_1-第一根加强钢筋长度，L_i-第i根加强钢筋长度。
4. 仅在斜交角为30°时布置桥面钝角加强钢筋。
5. 钢筋净保护层厚度为30mm。

装配式后张法预应力混凝土筒支空心板梁上部构造 跨径：16m 斜交角：30°	荷载标准：公路—Ⅱ级 桥面宽度：5.0m、6.5m、7.5m、8.5m
桥面角隅加强钢筋构造图	图 号：15

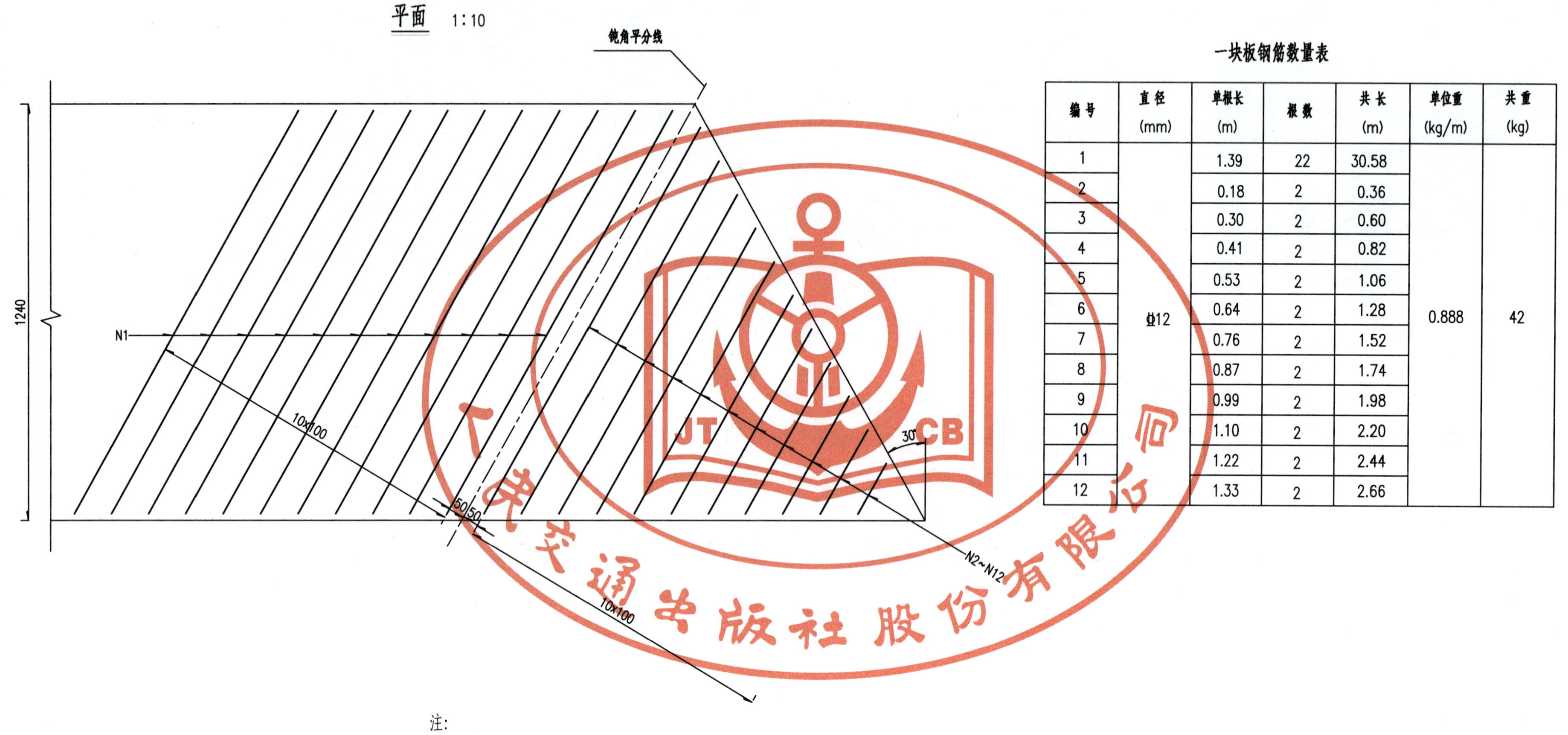

一块板钢筋数量表

编号	直径 (mm)	单根长 (m)	根数	共长 (m)	单位重 (kg/m)	共重 (kg)
1	Φ12	1.39	22	30.58	0.888	42
2		0.18	2	0.36		
3		0.30	2	0.60		
4		0.41	2	0.82		
5		0.53	2	1.06		
6		0.64	2	1.28		
7		0.76	2	1.52		
8		0.87	2	1.74		
9		0.99	2	1.98		
10		1.10	2	2.20		
11		1.22	2	2.44		
12		1.33	2	2.66		

注：

1. 本图尺寸均以毫米为单位。
2. 斜交角为30°时，板底设加强钢筋。
3. 加强钢筋设在板的两端头位置。
4. 加强钢筋设在底板底层纵向钢筋上，与板的钝角平分线平行。

装配式后张法预应力混凝土简支空心板梁上部构造	荷载标准：公路—Ⅱ级
跨径：16m　　斜交角：30°	桥面宽度：5.0m、6.5m、7.5m、8.5m
底板加强钢筋构造图	图　号：16

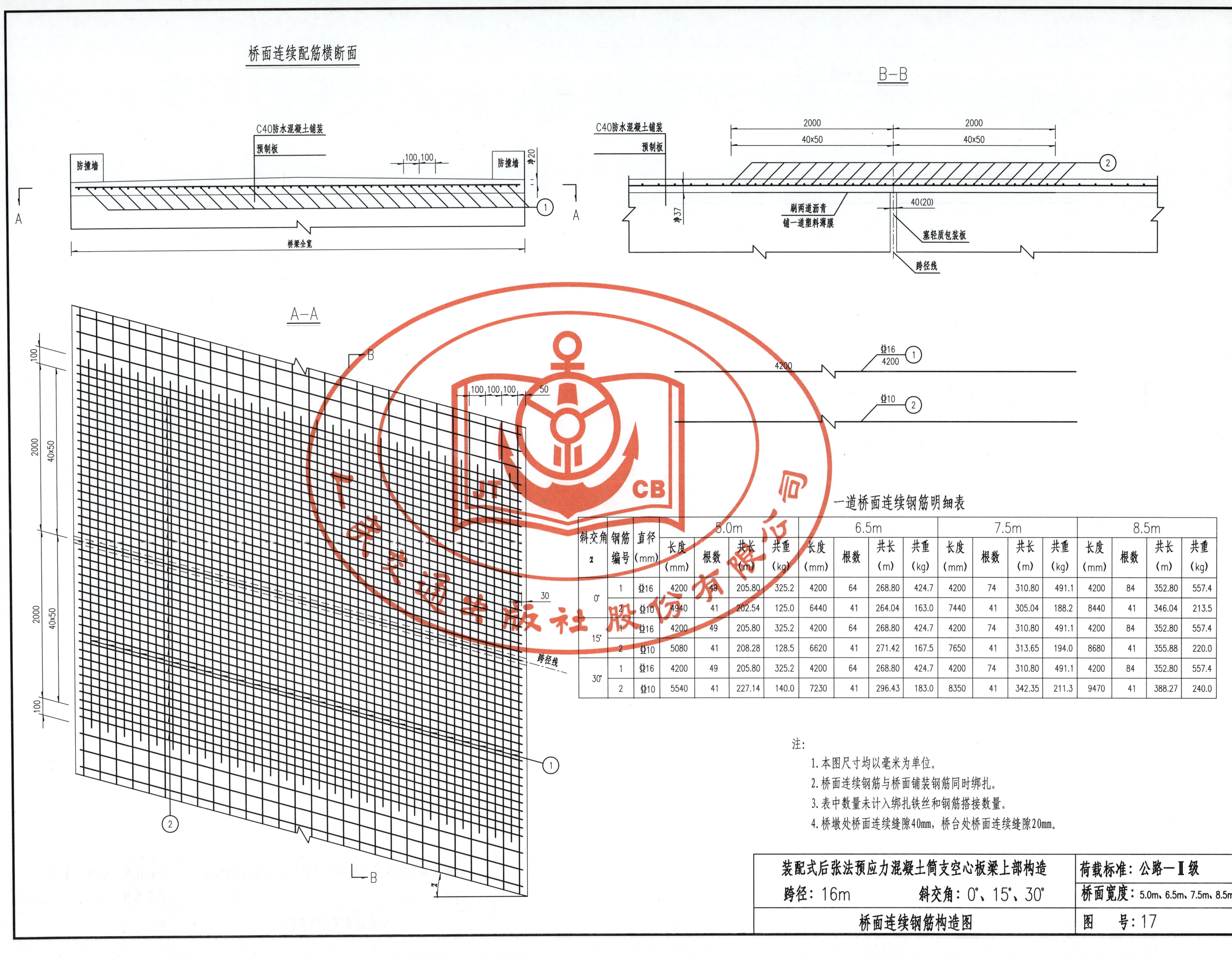

一道桥面连续钢筋明细表

斜交角 α	钢筋编号	直径 (mm)	5.0m 长度 (mm)	5.0m 根数	5.0m 共长 (m)	5.0m 共重 (kg)	6.5m 长度 (mm)	6.5m 根数	6.5m 共长 (m)	6.5m 共重 (kg)	7.5m 长度 (mm)	7.5m 根数	7.5m 共长 (m)	7.5m 共重 (kg)	8.5m 长度 (mm)	8.5m 根数	8.5m 共长 (m)	8.5m 共重 (kg)
0°	1	Φ16	4200	49	205.80	325.2	4200	64	268.80	424.7	4200	74	310.80	491.1	4200	84	352.80	557.4
	2	Φ10	4940	41	202.54	125.0	6440	41	264.04	163.0	7440	41	305.04	188.2	8440	41	346.04	213.5
15°	1	Φ16	4200	49	205.80	325.2	4200	64	268.80	424.7	4200	74	310.80	491.1	4200	84	352.80	557.4
	2	Φ10	5080	41	208.28	128.5	6620	41	271.42	167.5	7650	41	313.65	194.0	8680	41	355.88	220.0
30°	1	Φ16	4200	49	205.80	325.2	4200	64	268.80	424.7	4200	74	310.80	491.1	4200	84	352.80	557.4
	2	Φ10	5540	41	227.14	140.0	7230	41	296.43	183.0	8350	41	342.35	211.3	9470	41	388.27	240.0

注：

1. 本图尺寸均以毫米为单位。
2. 桥面连续钢筋与桥面铺装钢筋同时绑扎。
3. 表中数量未计入绑扎铁丝和钢筋搭接数量。
4. 桥墩处桥面连续缝隙40mm，桥台处桥面连续缝隙20mm。

装配式后张法预应力混凝土简支空心板梁上部构造	荷载标准：公路—Ⅱ级
跨径：16m　　斜交角：0°、15°、30°	桥面宽度：5.0m、6.5m、7.5m、8.5m
桥面连续钢筋构造图	图　号：17

桥面铺装配筋横断面

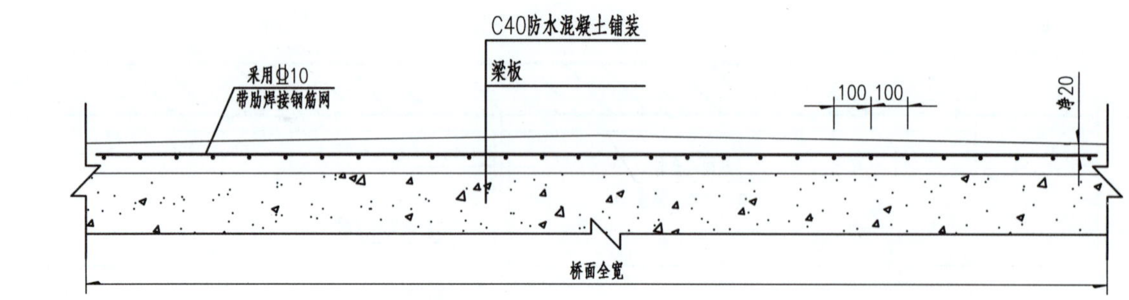

C40防水混凝土铺装
梁板
采用Φ10
带肋焊接钢筋网
100 100
Φ20
桥面全宽

桥面铺装配筋平面

50
100 100 100
B
30
跨径线
100 100 100 50
30
跨径线
2

一孔桥面铺装工程数量表(B=16m)

桥面宽度 \ 数量	焊接钢筋网 (kg)	C40防水混凝土 (m^3)
5.0m	986.40	8.96
6.5m	1282.32	12.16
7.5m	1479.60	14.56
8.5m	1676.88	16.96

注:

1. 本图尺寸均以毫米为单位。
2. 铰缝钢筋N3、N4先绑扎好后放入铰缝内，并与预制板伸出的箍筋绑扎在一起，N3钢筋每隔150mm设置一根。
3. 预制板预埋伸出的箍筋大样及数量见板钢筋构造图。

桥面铺装配筋纵断面

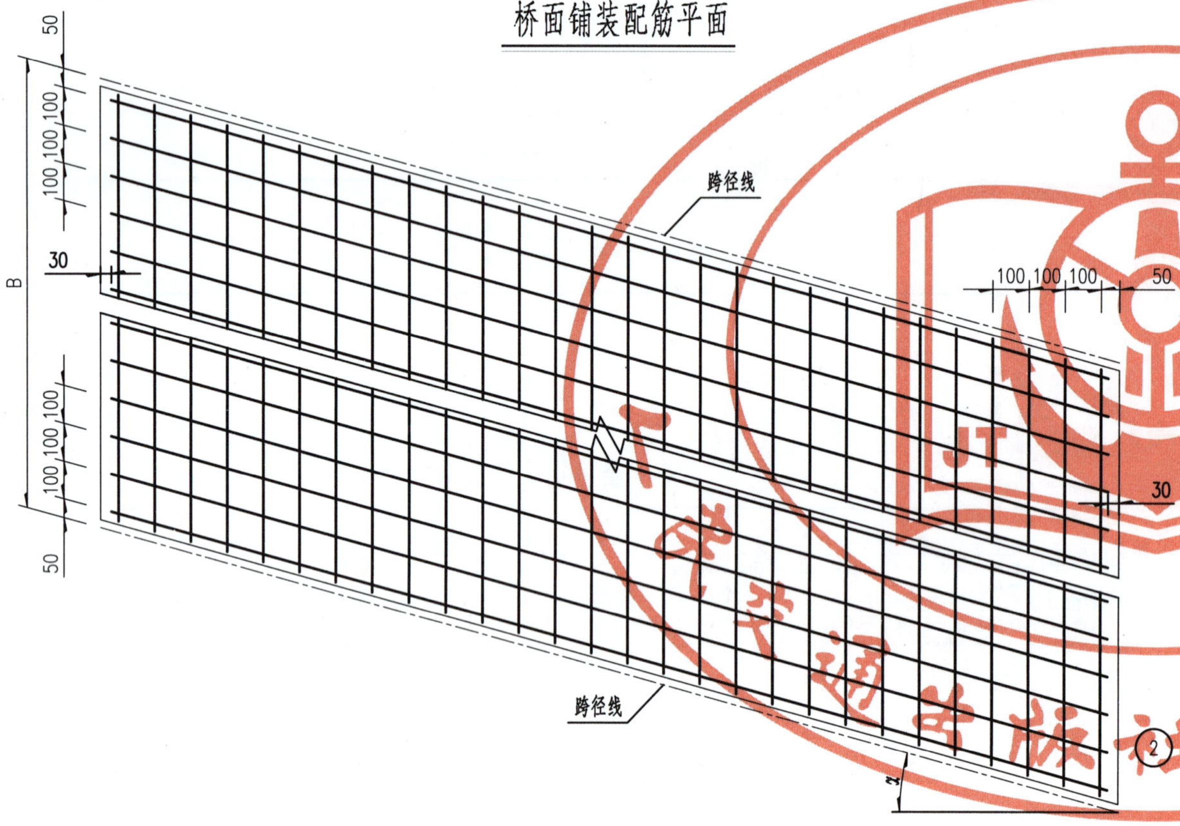

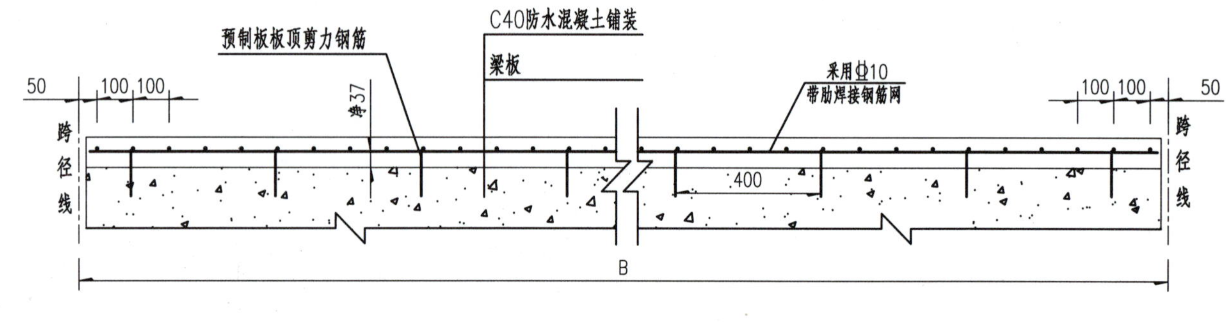

预制板板顶剪力钢筋
C40防水混凝土铺装
梁板
采用Φ10
带肋焊接钢筋网
50 100 100
Φ37
100 100 50
跨径线
400
B

装配式后张法预应力混凝土简支空心板梁上部构造	荷载标准：公路—Ⅰ级
跨径：16m　　斜交角：0°、15°、30°	桥面宽度：5.0m、6.5m、7.5m、8.5m
桥面铺装钢筋构造图	图　号：18